INSIGHT
STARTUP

●

인사이트스타트업

INSIGHT STARTUP

●

인사이트스타트업

김지호, 김소연, 임보정, 유현진, 안광노, 이재형, 이경호, 김소희

행복우물

인사이트로 스타트업 창업의 성공을…!

최근 가장 크게 성장하고 있는 시장 중 하나인 콘텐츠 분야 창업을 꿈꾸는 창작자들을 위한 친절한 창업 안내서. '스타트업' 하면 기술 창업만 떠올라 나와는 관계없는 일이라 생각했던 창작자라면 이 책이 큰 도움이 될 것이다.

_ 김유진(스파크랩 공동대표)

창업을 해야만 하는 이유에서부터 시작해 스타트업을 운영하기 전 반드시 맞닥뜨리는 지난한 준비 과정들을 차근차근, 그러면서도 실용적으로 알려준다. 대학을 미처 졸업하기도 전에 덜컥 법인부터 만들어버린 입장에서, 그때 누군가 내게 이 책을 선물해 줬다면 수차례 겪었던 미련한 시행착오를 분명 많이 줄일 수 있었을 것이다.

_ 양준영(키노라이츠 대표)

많은 창작자들에게 '창업'은 아직 낯선 단어다. 만약 창업에 도
전하기로 마음을 먹었다면 무엇보다 이 낯선 단어를 본인에게 익
숙하게 만드는 것이 우선이다. 소위 '업계용어'를 익히고 나면 적어
도 창업에 있어 내가 무엇을 할 수 있는지, 무엇을 해야하는지 명
확해지기 때문이다. 이 책은 무턱대고 창업을 하라 독려하기 보다
는 창작자에게 '창업에 익숙해지는 방법'을 알려줄 것이다

_ 박정서(카카오웹툰 대표)

'평생직장'이라는 의미가 사라지면서 우리는 한번쯤 '창업'을
해봐야하는 시대에 살고있다. 과거보다는 창업이라는 단어가 익숙
하게 느껴지지만 여전히 어렵고 멀게만 느껴진다. 그런 의미에서
『인사이트 스타트업』은 창작자 관점에서 누구나 이해할 수 있도록
쉽게 정보를 제공하고 있어 페이지를 넘기는데 전혀 부담감 없이
친근하게 다가온다.

_ 이창영(동국대학교 교수)

위기와 새로운 시작

'지속 가능한 창작 활동을 하고 싶다'는 어느 작가의 바람과 문제 제기에서 이 책은 시작되었다. 창작만으로 작가들의 창작 활동이 유지되기 어려운 현실에서 지속가능한 창작활동에 대한 해결책은 바로 창업이었다. 창작을 통해 자신의 세상을 만드는 작가들… 우리는 그들이 가진 IP(지식 재산권, Intellectual Property)와 그것을 기반으로 지속적이고 확장가능한 '구조'를 만드는 것에 주목하였다.

사실 창작 활동은 아주 오래전부터 어떤 '구조'에 의해 움직였다. 일례로 댄브라운의 소설 〈다빈치 코드〉는 레오나르도 다빈치의 작품 '암굴의 성모'에 상상력을 입힌 이야기이다. '암굴의 성모'는 두 가지의 버전이 존재했는데, 이는 그림을 사고자 했던 후견인이 그림이 마음에 들지 않아 지불하기로 약속한 비용 지불을 거절했고, 다빈치가 수정을 했던 연유였다. (그래서 후견인의 취향을 반영하여 작가들은 그림을 그렸다.) 다빈치 코드의 이야기를 꺼낸 이유는, 그것이 선주문 후제작으로 소비자들과 소통하고 그들의 취향을 반영하는 '크라우드 펀딩'과 흡사한 구조였기 때문이다.

창업이란 창작 활동을 통한 결과물에 확장 가능한 구조를 만드는 것에서 시작한다.

코로나19(COVID-19)의 확산세가 약화되고, 많은 규제들이 완화되고 있음에도 우리는 이전과 다른 삶을 살아가고 있다. 재택근무와 화상 회의가 일반화 되었고, 온라인을 통한 문화 콘텐츠가 확장되었으며, 소비에 대한 이질감이 사라졌다. 창작자는 이를 기회로 문화예술과 콘텐츠의 잠재력을 이용해 새로운 산업의 등장과 경제적 변화 속에서 주체로 성장할 수 있다. 창업을 통해서라면 이는 훨씬 더 수월해질 것이 분명하다.

이 책에는 창작자이자 창업자로서 8명의 저자들이 겪은 실무적인 노하우와 팁들이 녹아있다. 각 분야에서 창조적 활동을 하는 이들이 힘을 모아 스타트업에 처음 도전해 보는 이들에게 도움이 될만한 팁과 스타트업을 성장시켜 나가는 핵심적인 아이디어를 담으려고 노렸했다. 먼저 스타트업을 경험한 선배로서 그간의 축적된 경험을 균형감있고 엣지있게 풀어내고자 했다.

첫 번째 장에서는 창업을 고민하는 사람들을 위한 전반적인 조언을, 두 번째 장에서는 창업을 위해 준비해야 할 사항들을 정리했다. 세 번째 장에서는 초기 스타트업의 사업의 백미인 정부지원 사업에 대해서, 그리고 마지막 장에서는 창업 이후 지속 가능한 성장 방법을 제시하였다.

모쪼록 창업으로 향하는 모든 이들에게, 8명의 저자들이 골고루 담아 넣은 인사이트가 제대로 전달되기를 기대한다. "인생은 자전거를 타는 것과 같다. 균형을 잡으려면 움직여야 한다"는 아인슈타인의 말처럼, 예비 창업자들이 끊임없이 학습하고 연구하여 균형잡힌 성장을 할 수 있기를 바란다. 그 시작점에서 이 책을 통해 얻게 된 인사이트가 창업이라는 쉽지 않은 여정을 택한 당신에게 작은 버팀목이 되어 줄 것이다.

목차

INSIGHT
STARTUP

인사이트 스타트업

제 3 부: 스타트업, 이렇게 시작한다

HE CAN WHO THINKS HE CAN, AND HE CAN'T WHO THINKS HE
CAN'T. THIS IS AN INEXORABLE, INDISPUTABLE LAW
_ PABLO PICASSO.

할 수 있다고 생각하는 사람은 할 수 있고, 할 수 없다고 생각하는 사람은 할 수 없다.
이것은 불변의 진리이다. 논쟁의 여지가 없는 명백한 진리이다. _ 파블로 피카소

authors

KIM SOYOUN · KIM SOHEE · KIM JIHO · AN KWANGNO · YU HYUNJIN · LEE KYUNGHO · LEE JAEHYUNG · LIM BOJUNG   authors

INSIGHT STARTUP

아이디어부터 스케일업^{scaleup}까지 -
스타트업 성공에 관한 거의 모든것

목차

제 4 부: 스타트업, 이렇게 성장한다

Take calculated risks. That is quite different from being rash.
_ George S. Patton

계산된 위험은 감수하라. 이는 단순히
무모한 것과는 완전히 다른 것이다.
_ 조지 S. 패튼

PART. I

START UP 창업이 답이다 -

당신이 창업을 해야만 하는 3가지 이유

넷플릭스 오리지널(Netflix Original) '오징어 게임'은 인간의 욕구와 욕망을 적나라하게 드러내는 이야기이다. '무궁화 꽃이 피었습니다'라는 첫 번째 게임을 통해 한 인간의 생명과 1억이라는 돈이 등가 교환되는 현장에서 사람들은 떠났지만, 다시 돌아온다. 돌아온 그들은 다시 모여 자신의 목숨을 담보로 게임을 지속한다. 이처럼 인간의 욕구와 욕망은 잔혹하고, 강력하다.

인간은 누구나 무언가를 하고 싶어 한다. 먹고 싶어 하기도 하고, 잠을 자고 싶어 하기도 한다. 좋은 차를 소망하며 TV에 나온 맛집을 보면 직접 방문하고 싶어진다. 인간의 생존과 직결된 부분을 욕구(needs)라고 하고, 생존과 직결되지 않지만 하고 싶어 하는 것을 욕망(desire)이라고 하는데, '하고 싶다'라는 의지는 같지만 욕구는 절대적이며 욕망은 상대적이다.

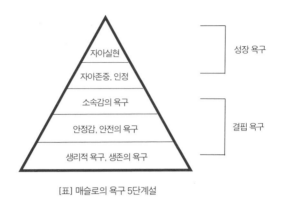

[표] 매슬로의 욕구 5단계설

　　미국의 심리학자 매슬로(Maslow)는 인간의 욕구를 5단계로 나누며, 어떤 욕구들은 낮은 수준의 욕구이고 어떤 욕구들은 높은 수준의 욕구라고 한다. 인간은 다양한 수준의 욕구를 가지고 있으며 그중 가장 상위가 자아실현의 욕구이다. '욕구 5단계설'을 완성한 매슬로는 자아실현의 단계를 넘어선 자기 초월의 욕구를 주장하였다. 자기 초월의 욕구란 자기 자신의 완성을 넘어서 타인, 세계에 기여하고자 하는 욕구를 뜻한다. 자기초월의 욕구를 다른 학자는 욕망의 단계로 구분하기도 한다.

창업을 권하는 이유들

　　인간은 아름다움, 권력, 돈, 자유 등의 욕망을 갈망하며 '오징어 게임'에서처럼 돈의 결핍으로 게임에 참여하기도, 돈의 과잉으로 게임을 관전하기도 한다. 창작자가 이런 돈의 속박에서 벗어나 자유로운 창작 활동에 집중할 수 있을 때 비로소 '경제적 자유'를 얻는 것이며, 이런 사람들을 우리는 '부자'라고 부른다.

그렇다면 현실적으로 우리가 부자가 될 수 있는 방법은 무엇이 있을까? 글로벌 외식 그룹 스노우폭스(Snowfox Korea)의 김승호 회장은 그의 저서 『돈의 속성』에서 부자가 되는 방법은 상속을 받거나 복권에 당첨되거나 사업에 성공하는 방법밖에 없다고 이야기한다. 만약 당신이 상속이 확정된 거액의 재산이 있거나 다음 주 로또 1등 당첨 예정이라면 지금 이 책을 덮어도 좋다. 거액의 상속과 복권 당첨, 사업의 성공 중 당신이 가능성을 통제할 수 있는 일은 사업 밖에 없다. 사업의 성공에 대해서는 아무도 확신할 수 없지만, 현실적으로 부의 축적을 이룩할 수 있는 가장 효율적인 방법은 창업을 통한 비즈니스다. 이것이 성공을 꿈꾸는 당신이 창업을 해야 하는 첫 번째 이유이다.

창업을 권하는 또 다른 이유는, 창업은 인간의 욕구와 욕망을 가장 이상적으로 실현하는 방법이기 때문이다. 창작자는 작품을 통해 세상 속에서 나를 드러내며 스스로의 욕구를 충족시키며 이러한 과정을 통해 수익을 얻기도 한다. 창업은 그러한 현재의 창작 시스템에서 프로세스를 구축하는 것이라고도 할 수 있는데, 이를 통해서 우리는 세상 속에서 개인의 욕구와 욕망을 동시에 실현하는 것이 가능해진다. 다시 말해서, 창업이라는 기회를 활용한다면 하고 싶은 일을 하며 살게 됨으로써 일을 통한 자아실현까지 달성할 수 있다.

마지막으로, 창작자에게 창업은 재능과 현실 세계를 이어주는 중요한 통로이다. 창작자는 때론 현실과 괴리가 있는 작품을 생산하기도 한다. 작품 그 자체만으로는 현실과 괴리가 있을 수 있지만, 창작자가 발을 딛고 사는 세상은 작품 속 세상이 아니라 '지금-여기'이다. 창작품을 환전하는 일도 마찬가지이다. 창작 세계 속에서만 살아도 다른 누군가가 현실 세계의 문제를 모두 해결해 준다면 가장 이상적이겠지만 현실은 그렇지 않다. 창업의 모든 과정은 창작 시스템을 프로세스화하여 환전하는 과정이며, 이는 창작의 세계와 현실의 세계를 이상적으로 연결해 주는 일들이다.

　당신의 창업이 실패할지 성공할지 아무도 예상할 수 없지만, 과정 하나하나를 통해 당신은 매 순간 성장할 것이다.

창작자와 창업자의 공통점

창작자인 당신은(혹은 창작자를 꿈꾸었던 적이 있다면) 어떤 삶을 유지하고 있는가? 과연 앞으로도 창작활동과 경제활동을 함께 지속할 수 있을까? 경제활동을 하면서 당신이 원하는 창작활동을 계속할 수 있으면 좋겠지만 역시나 현실은 앞서 언급한 것처럼 쉽지 않다.

흔히들 창작자는 작품 활동 등을 통해 본인의 콘텐츠를 만드는 사람, 창업자는 기업 설립을 통해 영리 활동을 추구하는 사람으로 구분한다. 이 두 부류는 전혀 달라 보일 수도 있지만 새로운 것을 만들어 나간다는 점에서 같은 맥락으로 이해될 수 있다. 그런 의미에서 만약 당신이 창작물이나 어떤 아이디어를 갖고 있다면 창작가에서 창업가로의 전환을 고려해 볼 필요가 있다. 물론 나의 관심분야와 전혀 상관없는 분야에서 갑자기 창업하는 것은 위험이 크다. 생소한 분야는 전문성이 떨어질 뿐더러 조언을 구할 사람도 찾기 힘들기 때문이다.

그러나 페이스북, 인스타그램, 구글, 넷플릭스, 네이버, 카카오와 같은 국내외 사례들이 우리와는 상관 없는 먼 나라 이야기라고 생각하지는 말자. 또한 비즈니스 모델, 손익분기점, 피봇팅(Pivoting)[1], 유니콘(Unicorn)[2], 데카콘(Decacorn)[3] 등 어려워 보이는 용어들 때문에 일찌감치 포기하거나, 이미 성공 가도를 달리고 있는 기업들의 규모 때문에 창업이 나와 다른 세계라고 생각할 필요도 없다. 거대해진 스타트업들도 아이디어나 창작물을 하나씩 구체화시켜 나가는 과정에서 탄생했다. 게다가 창작자와 창업자는 금성과 화성에 살고 있는 사람이 아니다. 사업자등록을 하고 본인의 콘텐츠를 통해 수익화의 첫발을 내딛기 시작했다면 창작자와 창업자가 결코 다르다고 할 수 없다. 특히 블로그나 브런치, 유튜브, 페이스북이나 인스타그램 숍 등을 통해 작은 비즈니스를 시작해 보는 것은 현명한 방법이다. 그러면 자연스럽게 비즈니스 수익구조와 운영에 대해 이해할 수 있으며, 각종 기관에서 지원하는 스타트업 관련 정보들을 모을 수 있게 된다.

시작이 반이라는 말은 스타트업 창업에 있어서 가장 잘 들어맞는 말일 것이다. 앞으로 논의될 사례들과 함께 저자들이 경험하고 축적한 노하우를 이해한다면 아이디어와 창작물들을 기반으로 스타트업을 창업할 수 있을 것이며, 자금 지원 및 홍보와 관련된 인사이트도 확보할 수 있을 것이다.

1 · 트렌드나 바이러스 등 급속도로 변하는 외부 환경에 따라 기존 사업 아이템을 바탕으로 사업의 방향을 다른 쪽으로 전환하는 것(시사상식사전, 네이버)
2 · 기업가치가 10억 달러(1조 원) 이상인 비상장 신생기업(startup)(한경 경제용어사전, 네이버)
3 · 기업 가치가 100억 달러(10조 원) 이상인 신생 벤처기업(한경 경제용어사전, 네이버)

창업의 목적은 '돈' 때문만이 아니다

흔히 '작가(artist)'라고 부르는 예술 분야의 창작자들은 무엇 때문에 창업에 대해 고민을 하는 것일까? 기술 창업이나 소상공인 창업과는 다른 시작점에서 이야기를 하고자 한다.

대부분의 예비 창업자들에게 창업의 목적이 무엇인지를 물어보면 돌고 돌아 "돈 벌려고요"라는 대답이 들려올 때가 많다. 그렇다. 우리는 수익창출을 위해 창업을 한다. 물론 창작자들의 창업 역시 수익창출을 위한 목적이 클 것이다. 하지만 예술 분야의 창작자들과 이야기를 나눈 결과를 종합해 보면 그들이 말하는 창업의 목적은 꼭 돈에만 있는 것은 아니다. 불안한 직장 생활이 싫다거나 부자가 되고 싶어서 창업한 경우도 있고, 사회적으로 가치 있는 일을 하고 싶어서 창업을 한 경우도 있었다.

어떤 창작자들은 "경력 및 경제활동을 객관적으로 증명해 줄 증빙 또는 창업경력이 필요하다"라고 말하기도 한다. 창작자들은 그들 자체가 프리랜서로 1인 기업의 역할을 해낸다. 그래서 창업의 필요성을 못 느끼는 분들도 많지만 프리랜서의 경우 경력의 증빙과 경제 활동의 증빙이 어려운 게 현실이다. 이러한 문제점들을 느끼게 되었을 때 창업을 함으로써 업력과 경력관리를 효율적으로 할 수 있다. 또한 경제활동과 관련해서도 세금 납부내역 등의 증빙이 훨씬 수월해진다. 이렇듯 창업은 창작자의 사회 경제적 참여에 대한 객관적인 증빙의 필요에 의해서도 이루어진다.

협동조합으로 창업한 프리랜서 중 창업의 목적을 '소속감'이라고 한 경우도 있었다. 예를 들어 "저는 배우 OOO입니다"라는 소개도 좋지만, 이 경우 취미와 직업의 구분이 명확하지 않다. 하지만 창업을 하면 "저는 OOO협동조합의 이사 OOO입니다"라고 소개하면서 스스로에게 소속감을 부여할 수 있으며, 보다 전문적인 모습으로 자기표현이 가능해진다. 그러나 비단 이러한 소속감 등과 관련된 부분을 넘어서 창업은 일자리를 창출함으로써 창업가의 전문성뿐만 아니라 사회적 역할까지 높여 줄 수 있다.

요즘은 홈택스(Hometax)를 이용하면 하루 만에도 창업을 할 수 있으며 사업자등록증도 빠르게 발급이 가능하다. 그러나 분명한 목적의식을 바탕으로 창업을 해야 꾸준히 성장하며 오랫동안 사업을 유지할 수 있다는 점을 명심하자.

창업을 결심했다면 창업의 필요성과 목적이 무엇인지 적어보며 진지하게 비즈니스와 스스로의 미래에 대해 생각해 보는 시간을 가져볼 필요가 있다. 수익창출과 함께 한두 가지의 목적을 더 찾는다면, 창업 이후 어려운 순간이 왔을 때 포기하지 않고 나아가는데 큰 힘이 될 것이다.

창작환경을 바꾼 코로나19

코로나19(COVID-19)가 확산되면서 문화예술계는 다른 산업 분야 보다 큰 타격이 있었다. 2020년 2월경부터 공연 및 전시 등의 활동에 제동이 걸리기 시작했고, 일부 전시와 공연의 경우 무기한 연기되기도 했다. 미술관·공연장·도서관·박물관 등 많은 문화시설이 휴관 및 폐관되었다.

2020년 4월부터는 문체부, 지방자치단체(이하 지자체), 각 지역 문화 재단과 연구기관 등에서 코로나19 실태조사와 실질적 피해에 대해 긴급 대책 마련을 위한 포럼, 세미나를 개최하면서 생계적 문제부터 대체활동까지 문제 해결을 위한 재원마련을 했다. 이렇게 확보된 재원으로 재정 지원(재난지원비, 인건비, 임대료 등)을 하거나 대체 예술 활동(온라인·언택트, 콘텐츠 제작 등)으로 전환하여 제작비를 지원했다. 또 문화예술 단체 및 사업체 모두 경영난을 겪게 되면서 예술계 종사자의 소득 감소, 고용 불안정으로

27

예술산업계가 흔들렸다. 상업적 활동 무대가 넓었던 대중예술계에도 영향을 미쳤고, 일반 기업들마저 매출 감소로 예술 후원이 줄거나 일시 중단되었다.

최근 코로나19에 대한 대응체계가 갖춰지고 일상회복으로 사회적 거리두기 해제 등이 이루어지면서 예술행사 역시 활력을 찾는 상황이긴 하지만 예술계 활동은 코로나19 이전으로 가기엔 여전히 좋지 않은 상황이다. 2020년 한국문화관광원의 조사에 따르면 문화 콘텐츠(음악, 방송, 애니메이션 및 캐릭터, 게임, 출판, 지식 정보 등) 시장 규모는 하락했다가 반등했다. 아래 CONSPI4 지수를 통해 알 수 있듯, 비대면 환경에서 디지털 콘텐츠 분야는 크게 상승하였고, 출판 분야도 오디오 북, 디지털 북 시장을 확장시키면서 오름세를 보여 코로나 이전 수준을 회복했다.

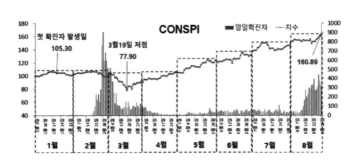

CONSPI를 통해 보는 코로나 시기의 문화콘텐츠 성장현황
(출처:한국문화관광연구원, 〈코로나19 콘텐츠산업 영향 및 대책〉)

4 CONSPI(Content Stock Price Index)는 2020년 1월 2일을 기준일로 하여 118개 콘텐츠산업 상장사 시가총액을 기준으로 계산된 지수

또한 문화예술과 기술 결합으로 확장된 지원 사업들이 추진되긴 했지만 예술 분야의 소비를 고려한 기획이 나오기에는 경험과 기술 수용성이 부족했다. 대부분 미디어 기술을 접목한 영상 콘텐츠로 제작되거나 몰입형 VR, AR 기술을 활용한 시범사업에 가까웠다. 결국, 코로나 시기에 제작된 예술작품 콘텐츠는 소비되지 못하고 대부분 아카이빙(archiving) 자료로 남거나 SNS를 통한 마케팅 이슈로 전파되는 수준에 그쳤다. 유튜브 등에서도 기존 오프라인 관람 수만큼 조회수를 올리지 못하고 사장된 사례도 많다.

이를 오프라인 구매에 익숙한 세대들까지 포괄하는 소비 확산이 부족했다고 볼 수도 있다. 그러나 가상의 메타버스까지 확대되어 가는 환경 변화를 고려할 때, 다양한 이용자들의 소비를 끌어낼 수 있는 예술콘텐츠 서비스 모델과 기획이 필요한 시점이다.

창작자에게 반문한다

문화예술 관련 전공의 예술인으로 인정받으며 지속적으로 활동하고 있는 작가들은 극소수이다. 나머지 대다수는 돈이 되는 일을 찾거나 다른 산업군으로 취업을 한다. 예술로 먹고사는 문제를 해결하기엔 수입은 턱없이 부족하고 지원 사업들은 대부분 작품 지원에 치중되어 작품 활동을 지속하기엔 한계가 있기 때문이다. 평론가들로부터 작품성을 호평받고 전업(專業)으로 하는 창작자도 있지만 대부분 전업을 할 수 있는 경계에 진입하지 못하고 생업을 다른 곳에서 찾는다.

　과거 르네상스 예술의 중심지인 피렌체에서는 다빈치, 미켈란젤로 등 천재적 예술가들을 탄생하게 만든 매디치(Medici) 가문의 경제적 후원이 뒷받침되었다. 그러나 지금 우리나라에서는 그러한 후원자들은 찾기 힘들다. 간혹 간접적인 형태로라도 후원을 받으려면 치열한 경쟁이 필요하다. 공연은 공연 티켓을 팔고, 예술작품은 갤러리나 아트페어에 참여해 작품 판매 수익을 창출하는 방법뿐이다. 문학은 독자에게 책을 판매하여 인세와 출판을 통한 수익을 창출하지만 여전히 부족하다. 판로가 좁다 보니 기획사, 제작사 같은 업체들이나 민간예술공간 운영자들은 정부 및 지자체의 지원 사업 없이는 수익을 지속하기 어렵다. 그나마 대중적 인기를 얻을 수 있는 엔터테인먼트 요소가 가미된 행사나 프로그램이 대중성을 바탕으로 경제적 이익을 얻을 뿐이다.

　그렇다면 정말 예술을 하면 배고프고 어렵기만 한 건가? 지속 가능한 창작활동이란 가능한 것일까? 자립할 수 있을까? 창작의 가치를 어떻게 만들 수 있을까? 이러한 의문을 스스로에게 던지는 시점이 올지도 모른다. 사실 정부의 지원 사업들도 창작자를 성장시키기 위한 방향보다는 작품 제작을 위한 지원이 많았다. 지원금도 소액을 여러 건으로 균등분배하는 형태이다 보니 투자가치형 성장 모델의 방향으로 시장을 키우지 못했다. 예술의 본질은 경제적 가치만으로 설명할 수 없어 비즈니스 마인드로 접근하는 게 쉽지 않다. 과연 창작만으로 지속 가능할지 창작자에게 반문한다.

예술 X 콘텐츠 = 지속 가능한 경제적 수단

융복합 환경에 접어든 근래, 예술조차 가볍게 즐기고 소비할 수 있는 콘텐츠로 만들어지고 있다. 그러나 예술 또한 대중과 소통할 때 파급력이 생기는 만큼 콘텐츠로 대중에게 접근하는 방식이 지속 가능한 가치를 창출하는 효율적인 수단이 될 수 있다. 본인의 작품이나 제품에 IP(지식 재산권)를 확보하여 수익을 창출한다면 지속 가능한 경제적 수단을 확보할 수 있으며, 대중과 소통하는 예술로써 가치를 부여하며 새로움을 창출할 수 있다. 창작물의 직접 판매나 창작 콘텐츠로 가공된 서비스 모두 창작의 가치를 만들어 낼 수 있다.

모든 창작 활동은 경제적 뒷받침이 되어야 지속 가능하다. 만약 당신이 창작 콘텐츠를 기반으로 가치 창출을 하고자 하는 창작자나 기획자라면, 무엇보다 경제적 가치 확대를 위한 방법론을 배우고 솔루션을 찾는 과정을 익혀야 한다.

창업이 창작자에게 어려운 것만은 아니다. 어쩌면 창작자가 콘텐츠IP로 창업을 하는 것은 개발자가 기술 창업을 하는 경우와 같을 수 있다. 오히려 예술과 콘텐츠로 새로운 시장을 학습해 나간다면 더 좋은 기회의 창을 발견할 수 있을 것이다.

창업은 지속 가능한 경제적 수단이 될 수 있다

창업 시 고려해야 할 회사의 유형

사업을 시작하는 것을 우리는 창업이라고 부른다. 그런 의미에서 창업을 사업자등록증을 내고 사장님이 되는 것이라고 생각할 수도 있겠다. 하지만 막상 사업자등록증을 낸다고 창업자의 삶이 크게 바뀌지는 않는다. 다만 법적으로 세금을 내고 여러 가지 책임을 지게 되는 것이 다른 점일 뿐이다.

문화예술 분야에서는 그 하위 분야의 다양성 만큼 회사의 형태도 여러 가지로 운영되고 있다. 연극 극단의 경우 고유번호증을 받아 운영하는 비영리사업체도 있고 협동조합으로 운영하는 경우도 있다. 또한 투자를 받을 예정이라면 주식회사로 창업해야 하며 기부금을 받아 운영할 예정인 회사는 비영리법인이나 사회적 협동조합으로 회사의 유형을 정하여 창업하여야 한다. 이렇듯 창업의 목적과 운영방법, 회사의 유형을 정하고 그에 맞는 형태로 창업해야 한다. 만약 1인 창업을 생각한다면 국세청 홈택스(Hometax)를 이용하면 온라인으로 사업자등록증을 신청하고 바로 사업을 시작할 수도 있다.

그러나 아직 어떻게 해야 할지 모르겠다면 나와 비슷한 일을 하는 성공모델을 찾아보고 그 회사의 유형이나 지분구조를 알아보는 것도 도움이 된다. 우선 법인은 이윤추구를 목적으로 하는 '영리법인'과 단체의 유지 등의 목적을 갖는 '비영리법인'으로 크게 나눌수 있다. 나의 창업 목적이 무엇인지 다시 한번 생각해 보자.

구분	1인 창업[1]	팀창업
장점	• 사업에 관한 신속한 의사결정 • 회사의 수익은 대표자에게 • 시간과 일정에 대해 스스로 효율적 관리가 가능 • 낮은 고정비용	• 다양한 역량을 갖춘 팀원들과 빠른 성장 가능 • 내부 인력활용으로 외부 인건비 절감 • 주인의식이 강하고 저비용 고효율을 내는 공동창업자 • 많은 정보의 양과 빠른 업무 처리 속도 • 인적 네트워크 공유 가능
단점	• 대표에게 다양한 역량 요구됨 • 팀에 비해 협소한 인적 네트워크 • 빠른 변화에 대응 어려움 • 대체인력 없어 외부 인건비 필요 • 문제 발생 시 총 책임은 대표자	• 느려질 수 있는 의사결정 • 회의, 정보 공유 등 팀원 간 소통에 대한 시간과 노력 필요 • 팀원과의 갈등관리가 필요 • 공평하지 않은 업무 할당 발생 우려

[표] 1인 창업과 팀 창업의 장단점

1　1인 창업기업이란 창의성과 전문성을 갖춘 1인이 상시근로자 없이 사업을 영위하는 자로, 1인 창조기업 범위에서 제외되는 업종은 부동산업 등 대통령령으로 규정하고 있다.

이 지점에서 대부분의 창업자가 고민하는 것이 있다. '혼자서 시작할지, 아니면 함께 시작할지'라는 갈림길에서의 선택이다. 1인 창업과 팀 창업 중에서 고민이 된다면 다음 내용을 읽어보고 내게 맞는 창업 유형을 판단해 보자.

1인 창업이든 팀 창업이든 본인의 성향과 역량을 파악하는 것이 먼저다. 1인 창업이라 해도 프로젝트 파트너나 거래처와 협업하기도 하지만 본인 성향이 혼자 의사결정을 하고 자유로운 환경에서 더 활발한 활동이 가능하다면 1인 창업이 맞는다고 할 수 있다.

창업은 동아리가 아니다. 어떤 일을 할지 몰라서는 안 된다. 팀원이 필요한지, 만약 필요하다면 팀원의 역할과 목적은 무엇인지가 분명해야 한다. 정부 지원 사업 표준사업계획서 양식인 PSST 모델 중 T는 팀(Team)을 뜻한다. 우리 회사에 필요한 역량이 있는지 미리 알아보자.

정책을 알면 창업방향이 보인다

문화예술은 문화와 예술이 결합한 단어로 시대와 장소에 따라 의미적 해석이 다르지만, 현재 문화예술 분야는 시각예술(미술, 서예, 사진, 건축 등), 공연예술(음악, 연극, 무용 등), 문학(시, 소설 등), 전통예술(판소리, 국악 등), 다원·응용예술(미디어아트, 대중예술 등) 등으로 분류되고 있으며, 순수예술뿐만 아니라 응용예술까지 확장되고 있다.

문화예술 분야의 지원정책은 1972년 제정된 『문화예술진흥법』을 필두로 2004년 『문화예술교육지원법』, 2014년 『지역문화진흥법』으로 이어져 문화예술분야 장르 분류체계수립 및 활성화, 전문인력양성 그리고 지자체 중심의 문화예술 지원정책으로 이어져왔다. 예술경영 분야에서는 지속적인 창작이나 작품 기획을 위한 예술 단체 설립 및 경영을 지원하기 시작했는데 경영컨설팅, 저작권과 계약 방식, 세무와 회계 처리 지원 등 운영상에 필요한 교육 · 컨설팅 중심으로 이루어져 왔다. 최근에는 사람과 예술의 상호작용을 위한 사회적 가치 추구 또는 다양한 문화 콘텐츠로 소비를 만들어내는 혁신적 서비스들이 등장하면서 경영지원 형태도 다양해져 가고 있다.

이러한 문화예술 분야에서의 창업은 한국콘텐츠진흥원, 예술경영지원센터, 한국예술종합학교 등을 중심으로 적극적인 정책 지원이 이루어지고 있으며, 그중 한국콘텐츠진흥원은 방송, 게임, 음악, 패션, 애니메이션, 캐릭터, 만화, 실감 콘텐츠 등 문화 콘텐츠의 성장 프레임을 설계하고 콘텐츠 스타트업 사업화 및 육성 프로그램까지 지원 확대하면서 콘텐츠 산업을 성장시켜 가고 있다.

전통적 예술시장을 활성화하는 방향성을 가지던 문화예술 정책사업에서 새로운 변화가 나타나고 있는 만큼, 이 분야 창업을 준비하고 있는 창작자라면 다음의 사례를 통해 창업을 어떤 방향으로 준비하는 것이 필요할지 힌트를 얻을 수 있을 것 같다.

첫째, 투자유치 지원정책이다. 일반적으로 창작 및 작품 지원금 확보를 목적으로 기업이 자발적으로 예술을 후원하거나 크라우드 펀딩(Crowd funding)을 통한 리워드(reward) 형식으로 추진하는 것이 기존의 투자유치 방식이었다. 최근에는 아예 예술 분야 투자 상담회 등을 개최하여 적극적인 투자 설명회를 통해 규모 있는 투자를 유치하는 방향으로 가고 있다. 더불어 투자 활성화를 위해 매개 전문가 양성 프로그램까지 운영하고 있다. 예술경영지원센터에서는 투자형 크라우드 펀딩을 비즈니스 모델의 시장성 검증 기회로 활용하거나 투자 활성화를 위한 다양한 사업들을 추진하고 있다.

투자유치지원정책의 변화 사례

둘째, 창작물과 기술을 결합하는 지원정책이다. 2017년부터 한국문화예술위원회는 과학기술을 활용한 기술 융합 지원정책을 구축하면서 문화예술 빅데이터를 활용해 사회문제를 해결하는 공공서비스나 사업화 아이디어를 지원하는 등 지원체계를 확장하여 추진하고 있다. 그뿐만 아니라 한국예술인복지재단, 지역문화진흥원, 한국문화예술교육진흥원 등 참여기관의 소장 데이터들을 정제하고 가공하여 제공하고 있다.

그 밖에도 데이터 융복합 및 분석 가능한 데이터도 제공하고 있다. 건축물 미술 작품 정보, 예술기록원 소장 자료, 문화예술 행사 축제 정보에서부터 공연 지역 취약계층 인구 정보, 기획/제작사 지역 및 장르별 분석 정보까지 다양한 예술데이터들을 활용하도록 지원하고 있는 만큼 새롭고 혁신적인 콘텐츠나 서비스를 기획한다면 관심 있게 지원 사업들을 찾아보기를 제안한다.

최근에는 메타버스와 NFT 등의 온라인 가상환경과 연계한 새로운 신규 플랫폼들이 등장하면서 예술의 해외진출 및 유통 방식에도 기술 결합을 지원하는 정책들이 속속 나오는 만큼 기술융합형 서비스모델은 창업아이템 선정에서도 빠질 수 없는 대세이다.

데이터 지원정책의 변화 사례(출처: 한국문화예술위원회)

셋째, 예술의 사회적 가치 확장을 위한 지원정책이다. 예술이 사회적 가치에 미치는 영향은 그간 많은 연구를 통해서 입증되어 왔으며, 관련 지원사업으로 예술인의 사회적 가치 확장과 예술 직무영역을 개발하는 〈예술인 파견지원 사업-예술로(路)〉 지원 사업을 예술인복지재단에서 추진하고 있다.

또한 문화체육관광부에서는 2019년부터 문화예술 사회적 경제 조직에 특화된 단계별 육성사업을 시행하고 있다. 예술에 대한 경제적 가치를 연결하여 사회적 기업을 키우거나 기업과 협력하여 산업으로서 지원을 확대해 가고 있다. 관련 예산도 매년 늘어나는 추세이다.

최근에는 ESG[5]경영과 접목되어 창작형 문화예술이 환경과 사회 분야에 하나의 솔루션이 되는 사례도 늘어나고 있다. 예술경영지원센터에서는 2020년 문화예술 현장의 의견을 듣기 위해 〈제1회 예술경영주간〉을 개최하면서 사회적 가치와 ESG를 논의하는 문화예술 기업과 투자자 교류의 장을 만들었다. 사회적 가치를 높이고, 경제적 활동으로 연결되기를 희망하는 창작자라면 관련 지원 사업에 도전해 보거나 지원 공고를 찾아보는 것도 생각해 보자.

문화예술 정책은 여러 사회 변화의 흐름에 맞춰 지원 방향도 바뀌고 있다. 최근 코로나19(COVID-19)로 온택트[6], 디지털 전환 등 예술시장의 변화에 맞게 온라인 문화예술활동 활성화를 위한

---

5 · 기업의 비재무적 요소인 환경(Environment)·사회(Social)·지배구조(Governance)

6 · 온택트(Ontact), 언택트(Untact)에 온라인을 통한 외부와의 연결(On)을 더한 개념

제도를 마련하고 있다. 기획과 창작을 통해 만들어지는 창작물은 '콘텐츠'라는 키워드와 함께 새로운 가치와 플랫폼 소비로 문화예술 지원정책에도 변화를 주고 있다.

이런 정책의 변화는 교육에서도 일어나고 있는데, 국내 예술대학에선 창업교육 프로그램을 운영하는 사례가 많아졌다. 문화예술의 강점을 살려 전공자들에게 창업을 지원하고 있는 것이다. 처음엔 비즈니스 마인드를 높이기 위한 교양과정 정도로 출발했던 수업은 창업 전반을 지원하는 단계까지 발전되었다. 줄리아드 음대에선 '커리어 서비스 및 기업가정신 센터'(Alan D. Marks Center for Career Services & Entrepreneurship), 맨해튼 음대에선 '음악 기업가정신 센터'(Center For Music Entrepreneurship)를 설립하여 운영해 오고 있다. 물론 아직도 현장의 의견이 반영되지 않고 이론 중심의 구색 맞추기식 창업교육을 하는 문제는 여전히 존재하지만 독자적 예술시장에서 존재해왔던 예술 장르들도 새로운 시장에 맞는 정책과 교육과정이 필요하다.

문체부는 2022년 7조3천억 원이 넘는 예산을 확보하면서, 코로나19(COVID-19)로 침체됐던 예술계 비롯하여 예술의 산업화를 위해 지원을 넓혀갈 계획으로 보인다. 지난 2022년 1월 문체부에선 직접 '예술의 산업화' 필요성을 발표하면서 예술 단체, 사회적 경제조직 및 예술기업들을 대상으로 현장의 목소리를 직접 들어가며 예술산업의 해외 진출 및 투자유치, 예술과 기술의 결합을 위한 전문 인재 교육을 확대할 의지를 보였다. 그중 예술의 산업화 재원

은 약 345억 원 규모이며, 약 160억 원을 투입하여 '아트컬처랩' 도
조성하고, 창업 · 창작 · 제작, 교류 · 교육, 유통 · 시연 등 종합적
지원관리를 한다고 보도한 바 있다.

견고하기만 했던 문화예술 분야도 다양한 융복합적 사고를 통
해 창조적 산업으로 변화를 주려는 시도들이 진행되는 만큼 정부
의 정책 변화를 알고 창업의 기회를 잡는 것도 필요하겠다.

수요와 공급을 고려한다면

100만 예술인 시대

수요 대비 공급이 많아지면 공급되는 서비스나 물품의 단가는 낮아질 수밖에 없음은 주지의 사실이다. 수요 대비 공급이 많아지는 현상은 문화예술 분야에서도 나타나고 있다. 문화예술 분야 중 디자인 전공자가 지금까지 약 80만 명 가깝게 배출되었다고 한다. 현재 대학 재학생과 45세 이상의 졸업생까지 고려한다면, 길거리에서 마주치는 20세 이상에서 64세 이하의 사람들 30명 중 1명은 미술대학을 졸업한 셈이다. 이는 한국에서 치킨집(2018년 기준 3만 6천 개)을 운영하는 사장님의 수보다 약 30배가 많으며, 전국 개인택시 운전자(2020년 기준 16만 명) 수보다 6배가 많은 숫자이다. 이러한 상황이다 보니 현실적으로 전공자들이 전공분야에서 일자리를 얻고 이익을 창출하는 것은 매우 어렵게 되었다. 순수예술 분야에서도 스스로가 자신의 예술적 가치를 논하기 이전에 우리 사회에서 더 이상 소비가 필요치 않을 정도로 작가가 남아돌아 자생적으로 성장하기는 어렵게 되었다.

무엇을 하면서 생존할 것인가?

국내의 대표적인 인력 매칭 플랫폼인 크몽(Kmong)과 숨고 (Sumgo)에서는 불과 5만 원에 로고나 캐릭터를 만들어 준다. 반면 대기업이나 유명 디자이너의 경우 캐릭터 디자인 한 건 당 2,500만 원에서 8,000만 원을 받기도 한다. (따릉이 아니면 람보르기니인 가?) 이렇게 양극화된 공급 과포화 상태에서 전공자들은 서로가 서로를 단가로 죽여 나가는 현상이 발생하고 있다. 최저시급과 재료비 그리고 기회비용과 기존 투자금액을 고려해 30만 원의 비용으로 제작한 작품을 10만 원 소품전에서 판매하거나 외주 앱(App)을 통해 결국 1천 원에 디자인을 해주는 시대에서, 과연 예술 관련 전공자들은 무엇을 하면서 생존할 것인가?

단 한 가지 확실한 것은 세상은 너무도 빨리 변해서 대학에서 배운 것은 졸업과 동시에 무용지물이 되며, 우리는 늘 새로운 것을 배우고 익혀야 하는 상황에 놓여있다는 사실이다. 이러한 점에서 창작자들은 상대평가 경쟁자들 사이에서 어떠한 위치에 있는지 진지한 고민을 해 보아야 한다.

사실 예술 분야의 전공자뿐만 아니라 타 전공 분야도 상황은 마찬가지이다. 물론 인문학을 비롯한 학문적 가치와 연구는 필요하지만 높은 대학 진학률로 인해 상당수의 대학 졸업자들은 자신의 전공분야와는 무관한 일을 해야만 하는 경우가 많다.

수요 중심의 창업, 지원 사업부터 시작하라

수요 대비 공급이 많은 것은 비단 예술 분야만의 문제는 아니며, 다른 모든 분야를 망라하는 사회 경제적 문제라고 볼 수 있다. 결국은 지속 가능한 새로운 일을 스스로 찾아야 한다는 데에 현 상황의 시사점이 있다. 무엇을 찾아야 할지는 결국 본인의 취향과 성격에서 비롯될 것이다. 다만 확실한 것은 새로움에 대해 두려움을 가지면 생존이 어렵다는 점을 인지하고 끊임없이 트렌드를 이해하고 새로운 지식을 습득해야 한다는 점이다. 그렇다면 이런 상황에서 창작자들이, 그리고 창의적인 아이디어를 가진 이들이 어떻게 생존을 위한 길을 개척할 수 있을까?

그 해답은 역시 창업에 있다는 점을 예상했겠지만, 다양한 창업의 형태 중에서도 특히 '정부 지원 사업 수주'에 방점을 두고 미래를 설계해 나간다면 리스크를 줄이면서 성공 확률을 높일 수 있다. 물론 모두가 혁신적인 아이디어와 역량을 가지고 유니콘 기업으로 성장할 수는 없다. 그러나 내가 정말 하고 싶은 창업 아이템을 검증하고 지원금까지 받을 수 있는 가장 빠른 길은 정부 지원 사업을 통한 창업을 하는 것이다.

또한 창업은 한 번만 하는 것이 아니다. 여러 번 할 수도 있고 반복할수록 더 잘 할 수 있다. 자신이 시도해 보고 싶은 것을 찾아 정부 지원 사업에 계속 도전해 보면서 정말로 잘할 수 있는 것이 무엇인지를 찾아내는 것이 중요하다. 상황에 따라 폐업을 하고 다시 사업자를 내는 것도 가능하다. 재창업 및 업종전환, 폐업을 지원하는 패키지도 있다. 이렇게 정부 지원 사업을 통해 지원을 받고 차차 아이템을 고도화시켜 나가며 내가 원하는 것이 무엇인지 찾아나가는 방법도 필요하다.

PART. II

나만의 창업 아이디어는 어떻게 만들까?

창업 아이디어 시작하기

창업 아이디어를 발굴하기 위해서는 우선 내가 좋아하는 것과 잘하는 것을 적어보자. 그리고 좋아하는 것과 잘하는 것의 연관성을 찾고 여기서부터 창업 아이디어를 생각한다면, 어떤 사업을 시작해야 하는지에 대한 실마리를 잡을 수 있을 것이다.

구분	좋아하는 것 (또는 무관심한 것)	잘 하는 것 또는 못하는 것 (또는 잘 모르는 것)
강점	• 좋아하는(또는 무관심한) 물건이나 행동을 적어보면서 나의 강점과 연결될 수 있는지 적어본다. • 체계적일 필요는 없다. 목적은 나 자신을 알고 연관성을 찾아보는 것이다.	• 잘하는(또는 못하지만 나의 강점이 될 수 있는) 것을 적어본다. • 예시: 혼자만의 생각이지만 그림을 잘 그린다. 감상을 기록한다.
약점	• 좋아하지만(또는 무관심하며) 본인의 약점이 될 수 있는 것들을 적어본다. • 예시: 음식먹는건 좋아하지만 요리는 싫다.	• 잘하는(또는 못하면서 나의 약점이 될 수 있는) 것들을 적어본다. • 예시: 미술관에서 하루 내내 그림을 감상할 수 있으나 체력이 부족하다.

[표]좋아하는 것과 잘하는 것

아이디어를 만드는 과정 - 비즈니스 모델 캔버스

 만약 당신이 글쓰기, 그림 그리기, 작곡하기, 악기 다루기 등 고유의 전문 창작 분야가 있다면, 이를 창업으로 연결시킬 수 있는 다양한 아이디어와 방법들이 있다. 그 과정에서 도움을 줄 수 있는 주요한 도구로 비즈니스 모델 캔버스(Business Model Canvas)가 있다. 비즈니스 모델 캔버스 작성은 아이디어를 구체화하는 시작점이 되며, 개인이 가지고 있는 재능(전공)을 창업으로 연결시키는데 유용하게 쓰일 수 있다.

비즈니스 모델 캔버스는 온라인(http://cnvs.online/en) 상에서 바로 작성할 수 있다. 영어라는 단점이 있지만 사용방법이 직관적이며 자동 저장 기능까지 있다. 비즈니스 모델 캔버스에 대해 서는 유튜브 채널 [꿈날개]와 [스타트업잡스]에서도 각 요소에 대한 설명과 더불어 작성법을 상세히 다루고 있다. 처음부터 완벽한 아이디어나 비즈니스모델은 없다. 계속 수정하면서 여러 모델을 검토해 보는 과정이 필요하다.

이러한 과정을 진행하는 이유는 아이디어를 도출하는 과정에서 스스로에 대해 알아가기 위해서이다. 스스로 할 수 있는 것과 없는 것을 나누면서 자신의 강점에서 비즈니스모델을 찾아본다.

여기서 제일 중요한 점은, 여러분이 어떻게 하면 고객에게 상품 또는 서비스를 판매할지 고민하게 된다는 점이다. 단, 고민할 때 주의할 점은 내가 제공하는 상품 또는 서비스가 고객의 불편함을 해결하기 위한 것인지, 아니면 고객에게 즐거움 또는 새로운 편의를 제공하기 위한 것인지 구분해야 한다는 점이다. 내가 제공하는 상품 또는 서비스를 필요로 하는 사람이 주위에 얼마나 되는지 알아보자. 고객이 불편을 느끼는 지점을 페인 포인트(Pain Point)라 하는데, 우리가 현재 준비하고 있는 문화예술 또는, 개인 콘텐츠가 더해진 창업의 경우에는 고객에게 즐거움이나 새로운 경험을 제공하기 위한 것일 가능성이 높다. 이 부분을 감안하여 고객군, 투입 비용과 수익 구조를 미리 고민해야 한다. 특히 고객군은 최신 트렌드를 놓치지 않도록 정보를 습득하자. 뉴스레터 구독을 추천한다.

투입 비용과 수익 구조의 경우, 손익분기점(BEP: break-even point)이라는 거창한 말이 아니더라도 얼마나 상품을 팔아야 어느 정도 수익을 낼 수 있는지 미리 계산해야 한다. 물론 그 금액에는 각종 수수료와 배송비를 포함시켜야 하며, 세세한 사항들을 놓치지 않도록 해야한다. 작은 것들부터 실제 내가 생각한 아이디어가 실현 가능한지 체크해 보자.

창업 아이디어 체크리스트

내가 할 수 있는 일인가? : 처음부터 너무 높은 목표가 설정되는 창업을 시작하면 본인도 힘들고 주위 사람들도 힘들어진다. 본인이 지금 당장 시작할 수 있는 범위의 창업 아이디어인지 다시 한번 생각해 보자.	☐
내가 생각한 아이디어에서 당장 할 수 없는 일은 무엇인가? : 홈페이지/블로그/카카오톡 채널/네이버 모두(Naver Modoo)/네이버 스마트 스토어는 개인이 쉽게 개설할 수 있는 반면 휴대폰 앱 개발과 서울 중심가 매장에 입점하는 것은 당장 할 수 없는 일이다. 지금 이 책을 읽고 있는 여러분이 현재 개발자 거나 서울 부동산 가격을 가볍게 느낄 정도의 시드머니가 있다면 예외로 하겠다. 당연히 당장은 내 능력을 뛰어넘는 일보다는 내가 할 수 있는 일부터 하도록 한다.	☐
추가로 팀원이 필요한 사업 아이디어인가? : 같이 일할 팀원이 있으면 좋겠지만, 없다면 혼자서 전부 해내야 한다. 아니면 특별한 능력의 팀원을 추가 영입하거나 본인이 그 능력을 얻기 위해 배워야 한다.	☐
투입되어야 하는 비용은 구체적으로 얼마인가? : 최대한 비용이 적게 들어가는 방법을 생각해 본다. (온라인을 활용한 사업구상 추천) ※ 창업 지원 기관에서 내 사무실 알아보는 방법은 뒤에서 다시 다루기로 하겠다.	☐
내가 가용할 수 있는 금액은 얼마인가? : 통장 잔액을 확인한다. 일정하게 매월 사용하는 비용을 제외하고 쓸 수 있는 자금이 얼마인지 계산해 본다.	☐

[표] 창업아이디어 체크리스트

당연한 이야기지만 창업을 하려면 돈이 든다. 그리고 초기 창업자들은 대부분 자금 문제로 힘든 기간을 보낸다. 그렇다면 최대한 비용을 절감할 수 있는 방법은 없을까? 사업을 시작하려 할 때, 당신이 아르바이트나 프리랜서로 활동하고 있다면, 작지만 소중한 금액이 통장에 입금되고 있으므로 섣불리 그만두는 것은 금물이다. 사업이 일정 궤도에 오르기 전까지는 불안정한 상태가 지속될 것이며 언제 추가 자금이 투입되어야 하는 상황이 올지 모르기 때문이다.

당장은 한 푼이 아쉬운 상황이므로 고정비를 최대한 줄이는 것이 좋다. 덜컥 유료 사무실을 얻거나 직원을 고용하는 것은 금물이다. 또한 일을 하다보면 소프트웨어 구입 비용도 만만치 않은데, 최대한 무료로 사용할 수 있는 방법을 찾아서 활용해야 한다. 블로그, 이메일, 구글 독스(Google Docs), 카카오톡, 줌(Zoom), 노션(Notion) 등을 활용해보자. 상업적으로 쓰거나 장기간 쓰려면 유료로 전환을 해야 하는 추가 서비스도 있지만 무료로 쓸 수 있는 제품들도 많다.

처음 창업이라는 목표를 설정하고 무엇인가를 시작하려 하면 막막하고 네트워크도 없는 경우가 대부분일 것이다. 게다가 아이디어도 상상력 수준에 머물고 있는 상태가 많다. 만약, 주변에 전문가나 여유가 있는 지인이 있다면, 궁금한 점도 물어보고 시드머니(Seed money) 확보에 도움을 받을 수 있을 것이다. 그러나 그것도 내가 비즈니스에 대한 정보가 풍부하고 미래에 대한 확신이 있어야 가능한 일이다.

그렇다면 어디서부터 시작해야 할까? 우선은 내가 목표한 분야에 대한 정보의 확보다. 정부지원사업이나 유사한 기업 지원사업은 없는지 확인하고, 벤치마크 할만한 성공 가도를 달리고 있는 스타트업의 비즈니스 방식도 꼼꼼하게 스터디해야 한다. 이제부터는 스타트업 시작에 도움이 되는 실질적인 정보를 확보하는 방법을 차근차근 알아보자.

용도	무료	유료
문서작성 및 편집	구글 독스	한글 프로그램, MS OFFICE
협업툴	슬랙 노션	구글 워크스페이스 먼데이닷컴
UX/UI 이미지툴	Figma 미리캔버스	Adobe
사무실/ 사무기기	정부/지자체 보육공간 지원: 54p 참고	민간 스타트업 보육기관: 위워크(WeWork), 패스트파이브(FastFive)

[표] 지금 당장 사업에 활용할 수 있는 무료 서비스들

창업 전 알아야 할 것들

정보가 곧 돈이다

'정보가 돈'이라는 말은 투자에만 국한된 말은 아니다. 창업을 함에 있어서도 정보는 곧 돈이다. 창업을 준비 중이라면 다이어리에 관심 지원 사업과 공모전 등을 1년 단위로 정리해 보는 것만으로도 연간 계획을 세우는데 큰 도움이 될 수 있다. 그렇다면 돈이 되는 정보는 어디서 찾아야 할까?

 가장 포괄적으로 다양한 정부 지원 사업이 올라오는 곳은 중소벤처기업부와 창업진흥원이 운영하는 창업 지원포털 사이트(k-startup)이다. 전국의 지원 사업과 공모전이 계속 올라오고 일부는 사이트 내에서 신청 및 사업 관리가 이루어진다. 그밖에 문화예술 관련 특화된 정보를 얻을 수 있는 사이트에 대해 알아보자.

창업에 대해 아무것도 몰라 막막하다면:

1. 창업진흥원 창업에듀

 예비창업, 창업 초기, 창업성장, 재도전 단계별 교육 강좌를 지원한다.

2. 예술경영지원센터 예술경영아카데미

 조직경영, 기획서 작성 워크숍, 홍보마케팅 특강을 온라인으로 수강 가능하다. 매월 수강 인원이 정해 져 있어 탈락할 가능성이 있기 때문에, 신청 시 신중 하고 정성껏 작성해야 한다.

3. 디지털 오픈랩

 기술적인 아이디어를 실현하기 위한 교육을 진행한 다. 메타버스 체험 교육, 3D 프린터 장비 교육 등이 있다.

4. 서울산업진흥원(SBA)

 서울에 거주 중인 시민들만 해당된다고 오해할 수 있지만, 자세히 보면 의외로 지역 관련이 없는 교육도 꽤 있다. 서울산업진흥원의 교육 페이지에는 서울시 산하기관 및 공공기관 교육소식을, SBA아카데미에서는 연간 교육 과정을 확인하고 신청할 수 있다.

5. 서울창업카페

 서울창업카페는 1호점~7호점까지 있다. 교육 프로그램을 진행하고 특강 영상을 유튜브 채널에 업로드하는데 이를 시청 할 수 있다. 서울창업카페 홍대점 유튜브 채널에는 사업계획서 작성법, 세무회계 노하우, 창업 기초 지식을 위한 강의 등이 있다.

6. 지역 상공회의소

 과거에는 오프라인으로 교육을 실시했었다. 최근에는 줌 온라인이나 동영상으로 교육을 실시하고 있다. 수강료 및 교재까지 무료이고 배송도 해준다. 단, 신청 시 사업자 등록번호가 필수 값이기 때문에, 사업자등록증이 있어야 한다.

창업 보육 센터를 통한 인큐베이팅(Incubating)

창업을 시작하고부터는 모든 일들이 자금과 연관되어 돌아간다. 매출이 없어도 부가세 신고를 스스로 할 줄 모르면 돈을 주고 세무사에게 맡겨야 하니 창업 전에 충분한 준비가 필요하다. 물론 온라인을 통해 배우는 것도 좋지만 창업보육센터를 통한 인큐베이팅(Incubating)을 한 번쯤은 받아보길 추천한다.

창업 보육 센터(BI: Business Incubator)란?
"창업의 성공 가능성을 높이기 위하여 창업자에게 시설, 장소를 제공하고 경영, 기술 분야에 대하여 지원하는 것을 주된 목적으로 설립"
[「중소기업 창업 지원법」 제2조]

이러한 창업 보육센터는 예비창업자나 초기 창업자를 일정 시간 사업장을 제공하고, 기술 및 경영 지도와 자금 지원 등을 수행하여 창업 성공률을 높이는 역할을 한다. 창업보육센터 입주 기업은 세무교육이나 사업계획서 작성 등의 교육을 받을 수 있으며 주기적으로 경영 컨설팅도 받을 수 있는데, 이는 초기 창업 단계의 기업들에게 큰 도움이 된다. 또한 예비창업자들을 위한 창업교육도 수시로 진행하고 있으니 홈페이지에 자주 들어가 확인하는 것이 좋다. 특히 창업 보육센터의 뉴스레터는 유용한 정보를 담고 있기에 구독을 하는 것이 좋다.

공예, 디자인 특화 창업 보육센터

여성창업플라자	•서울시 동부 여성 발전센터에서 운영하는 곳으로 공예, 디자인 업종 집중 발굴 •교육, 제조, 유통 일체형 공예 디자인 업종의 창업 지원 서비스 제공 •15개의 단독실을 운영하고 스튜디오와 교육장 회의실 제품 보관창고 등을 운영 •공예, 디자인 관련 정보제공, 전시회, 마케팅 지원 등 •홈페이지: https://dongbu.seoulwomanup.or.kr
신당창작아케이드	•서울시 대표 공예 디자인 레지던시 •35개의 입주 레지던시 •도예, 금속, 섬유, 디자인, 기타공예분야 •공방 제공, 공동창작공간 지원, 갤러리, 아트마켓 운영
서울여성공예센터	•사단법인 일상예술창작센터에서 위탁운영 •서울을 대표하는 혁신적인 여성 공예창업 플랫폼 구축 •체계적인 창업 지원과 생활창작 프로그램 운영과 확산 •총 52개의 작업실 겸 쇼룸 운영 •시제품 개발을 위한 공동작업장, 공예 프로그램 운영 공간, 공예 전시와 강연공간, 스튜디오 등 구비 •매달 공예 창업 성공을 위한 사업화 정보 안내를 이메일로 받아볼 수 있다. •홈페이지: https://seoulcraftcenter.kr

[표] 공예, 디자인 특화 창업 보육센터

창업 전 준비할 것들

    2018년 미국의 설문 조사에 의하면 전 세계의 87%가 자신이 하고 싶어 하는 일이 아닌 일을 하기 때문에 스트레스를 받고 있으며, 일이 재미있지 않기 때문에 별도의 힐링과 워라벨이 필요하다고 한다. 우리나라의 경우도 상황은 비슷하기 때문에 하고 싶은 일을 하면서 지속 가능한 수익을 얻기 위해서는 역시 창업의 문을 두드려 보아야 할 것이다. 그러나 뻔히 시장이 죽어가는 것을 알면서도 알려고 하지 않거나 대비 없이 있다가 어려움에 처했을 때, 혹은 개인의 노력으로 바꿀 수 없는 압도적인 구조의 문제에 직면했을 때 "이런 일이 생기다니…"라고 후회해도 아무 소용이 없다. 그러한 문제들을 미연에 방지하면서 지속 성장이 가능한 창업으로 이어지기 위해서는 무엇부터 준비해야 할까? 시장조사, 팀 빌딩, 자금 확보 등 창업에 있어서 가장 중요하면서도 스타트업 성공에 초석이 되는 사항들부터 차례로 파악해 보자.

1. 시장조사 및 창업 아이템

자신도 구입하지 않는 주변 작가들의 작품이 팔리지 않는 것이 안타까워 작품 대여 서비스를 구상한다거나, 단 한 번도 이모티콘을 구입한 적이 없는데 이모티콘 사업을 한다거나, 집에 오큘러스(VR기기)가 없음에도 자신의 작품을 VR(Virtual Reality) 콘텐츠화 한다거나, 네이버 제페토(증강현실 아바타 서비스)에 아이디도 없는데 메타버스 사업을 하겠다는 것은 김치를 먹어 본 적이 없는 외국인이 김치를 만들어 팔겠다는 것과 같다.

즉 창업자가 경험하지 못했거나 이해하지 못하는 시장이 돈이 된다는 '소문'을 듣고 접근하기보다는 스스로가 소비자이고 유저였던 분야에서의 기존 문제점을 찾아내고 그것을 해결하는 서비스를 찾는 것이 필요하다는 얘기다.

최근 온라인과 디지털 내에 모든 수요와 공급이 몰려서 수익이 발생하고 있지만, 창업 분야에 따라 시장은 모니터가 아닌 현장에 있기도 하다. 캐릭터 콘텐츠 창업의 경우, 관련 전시장에 관람자로서 참가해 우리의 타겟 고객이 전시장에 입장해서 퇴장할 때까지 어떤 경로로 돌아다니는지, 어떤 콘텐츠를 볼 때 사진을 찍어 가는지, 어떤 제품을 얼마나 구입하는지를 몇 시간 내내 직접 발로 뛰며 따라다녀야 드러나는 시장도 있다.

당신이 하고 싶은 취미 위주로만 창업을 한다면 여전히 자기만족을 위한 작품 활동을 하는 것과 다를 바 없다. 나 혼자 경험해서 그렇게 될 것이라고 믿는 것과 다수의 경험이 쌓여 정량적인 근거를 토대로 그렇게 될 것이라고 예측하는 것은 분명히 다르다. 자신의 경험에서 우러나온 이슈에서 시작하되 실제로 시장이 존재하는지, 특히 그 시장이 지속 가능할 것인가에 대한 정량적인 데이터를 토대로 시장과 아이템에 대한 조사가 필요하다.

분석 결과 대박이 날 것 같은 분야인데 어째서인지 기존의 창업자들이 어리석게도 진입하지 않은 시장을 발견했다면 그 시장에는 진입해서는 안 된다. 특히 예측되는 성과가 대박이 되어서는 안 된다. 내신과 수능이 1등급이고 학생회장인 고등학생이 서울대를 갔다고 해서 대박이 났다고 하지는 않는다.

창업은 그렇게 계획하고 실천해서 철저하게 원하는 결과를 만드는 것이다.

2. 창업팀의 고유한 경쟁력

회화 전공자를 설득해 간신히 영업사원으로 만들고 다 함께 온·오프라인의 시장조사를 통해 1년 내 사업화 현실 가능성이 있는 아이템을 발견했다면 이제부터는 진출하고자 하는 분야에서 어떻게 우리만의 경쟁력을 가질 것인지 고민해야 한다. 이는 팀에서 만들어내는 서비스나 결과물만이 아닌 우리 팀을 생각했을 때 고객이 어떻게 느끼고 무엇을 기대할지에 대한 것이기 때문이다.

이러한 경쟁력은 브랜딩을 통해 완성되는데 초기 창업자의 경우 구체적인 브랜딩 전략까지 세우기에는 무리가 있다. 심지어는 브랜딩 디자인으로 졸업한 전공자이면서도 당장 급한 것이 많기 때문에 나중에 해야지 하면서 지나치는 경우도 있는 현실이기 때문에 일반적인 초기 창업자들이 시작 단계에서부터 확고하게 설계하기는 어렵다. 그러나 경쟁력 문제는 사업자를 등록한 이후부터 지속적으로 신경 써야 한다. 해당 분야에서의 우리 팀만의 고유한 경쟁력이 무엇인지에 대해 신경 쓰지 않을 경우, 집중과 선택이라는 부분에서 때론 우리 팀의 장점과 전혀 상관없는 엉뚱한 것에 집중하게 되는 경우가 있기 때문이다.

3. 팀 빌딩(Team Building) 및 인프라 확보

팀 빌딩을 위한 커뮤니티도 있고 전문 플랫폼도 있지만 대부분 학교 동문 또는 전 직장 동료들과 함께 팀 빌딩을 하는 경우가 많다. 대학 재학생 또는 막 졸업한 경우에는 동문들과 함께 팀 빌딩을 하게 된다.

아는 사람들과 함께 팀 빌딩을 하는 경우 서로 간의 역량과 성격 등을 잘 알고 있기에 초기 시작 당시에는 든든하게 느껴진다. 그러나 이럴 경우 개인의 역량은 뛰어날 수 있으나 그 역량이 비슷한 분야라는 데에서 문제가 발생할 수 있다.

유사 전공자들끼리 한 팀이 되었을 때는 분야가 겹쳐서 서로의 역할을 나누지 못하고 결국 충돌하다 팀이 해체되는 경우도 있다. 시각 디자이너, 제품 디자이너, 일러스트레이터가 한 팀이라고 가정해 보면 어떤 상황인지 이해할 수 있을 것이다.

이렇게 유사 분야 전공자 간의 팀 빌딩을 통해 창업을 할 경우에는 더 이상 자신의 전공을 팀에서 요구할 수 없다는 것을 초기에 명확하게 이해할 필요가 있다. 지금부터는 전혀 새로운 영역에 대한 공부가 필요하며, 그에 대한 전문가가 되어야 한다. 예를 들어 산업디자인 전공자가 디자인을 한다면, 시각디자인 전공자는 운영, 세무, 회계, 지원 사업 작성을 맡고, 회화 전공자는 마케팅, 영업, 시제품 제작 등의 영역에서 역량을 키워나가는 것이다.

또한 팀 내 핵심 역량은 내부에서 해결하되, 해결할 수 없는 분야에 대한 인프라를 확보할 필요가 있다. 이러한 인프라에 대한 정보는 창업 관련 다양한 오프라인 행사에서 얻을 수도 하다. 그러나 웬만한 업종들은 관련 협회 및 단체들이 존재하기 때문에, 협회 등에 가입하는 것이 좋다. 협회원들로부터 전문적인 정보를 공유 받을 수 있도록 외부 인프라 확보에 힘써야 사업에 대한 이해도를 높이는 데 도움이 되기 때문이다.

4. 창업 자금 확보

창업 초기, 대표자와 팀원들의 인건비는 제외하고라도 기본적으로 운영자금이 절대적으로 필요하다. 다행히 정부 지원 사업을 받게 되었다 하더라도 기본적으로 사업비에 대한 부가세 혹은 자부담금 10 ~ 20% 정도는 확보하고 있어야 선정 이후 사업 수행에 문제가 발생하지 않는다. 그렇기 때문에 초기 창업 자금은 확실하게 확보해야 한다. 막연히 투자에 대한 희망을 가질 수도 있지만 투자 단계까지 가기 위해서는 어느 수준 이상의 자기자본 확보와 수익이 발생해야 한다.

또 다른 창업 자금 확보안은 대출이다. 신용보증기금, 기술보증기금, 중진공과 같이 대표적인 기관에서 대출을 신청하는데 초기 창업자에게는 그리 녹녹하지 않다. 이 경우 접근 난이도와 금리가 다소 낮은 두 군데의 대출 사업을 추천한다.

첫 번째는 열매나눔재단에서 진행하는 서울형 마이크로크레딧 사업이다. 오히려 매출이 많으면 받을 수가 없으며 신용등급 7등급인 자영업자도 창업 6개월 미만[1]이면 3천만 원의 자금을 1.8%의 금리로 받을 수 있다. 단 사업장이 서울일 경우에만 가능하다.

두 번째로 생활 속 아이디어로 창업할 경우 정부가 예비창업자에게 최대 2천만 원을 지원하는 '생활혁신형 창업 지원 사업' - 변화하는 생활 트렌드에 혁신적 아이디어를 접목해 새로운 가치를 창출하는 예비 창업가를 발굴하는 사업 - 이다. 특히 창업에 실패했더라도 성실하게 경영했다고 판단되는 경우 융자금을 감면해 주는 조항도 있다. 2018년부터 진행된 이 프로그램의 수혜자는 지금까지 5,000여 명에 이르고, 올해 선정 규모는 약 1,000명이다. 선정된 사람에게는 최대 2천만 원(3년간 거치 후 총 5년간 상환, 2.5% 고정금리)의 융자와 멘토링이 지원된다. 그동안은 비과밀 업종만 지원했으나 올해에는 공유 · 구독 경제, 온라인 · 디지털 기술 도입 등 새로운 방식을 접목할 경우 과밀업종도 지원한다.

신청대상은 창업 경험 유무와 상관없이 신청일 기준 사업자

---

1 자기부담금, 본인부담금 등을 뜻하는 용어로 전체 사업비 구조 내에서 기업이나 개인사업자가 부담해야 하는 일정한 비율의 금액을 말한다. 여기서는 지원사업비 중 정부나 기관이 아닌 사업자가 내어야하는 일정비율의 사업비를 말한다.

등록증이 없는 생활혁신형 아이디어를 가진 예비창업자다. 선정 평가는 아이디어 창의성, 사업 성장전략과 확장성 등을 평가 지표로 서면 · 대면 평가로 이뤄진다. 39살 이하 청년, 여성가족부 추천자와 중기부 재창업 패키지 교육 수료자는 가점이 부여된다. 사업 신청 및 접수는 3월 4일부터 9월 30일까지(2021년 기준) '아이디어 톡톡' 홈페이지에서 사업계획서를 작성해 신청하면 된다.

START-UP TIP

퇴사를 하고 창업하기로 마음먹었다면:

1. 충분한 휴식

A씨는 퇴직 1년 전부터 직장 내 동문 두 명과 함께 주 1회 모여 전공 분야를 토대로 창작 활동을 함께 했는데, 퇴직 후 교육서비스업에 대한 낮은 성장 가능성과 새롭게 성장하는 시장에 대한 사전 조사를 공유하며 공동 창업에 대해 고민했다.

공동 창업원들도 기존 업종에 대해 유사한 고민이 있었기 때문에 창업에 대해 동의했고 퇴직과 함께 바로 창업을 위한 준비를 하게 되었다. 익숙한 일이 아닌 새로운 일을 시작한다는 불안한 상황이기에 눈앞에 보이는 목표를 설정하고 의기투합해서 사업자를 발급받고 역할 분담과 함께 숨 가쁘게 창업을 시작했으나 시간이 지난 후 예상외로 후회하고 있는 것이 바로 '휴식'이다.

창업은 단거리 달리기가 아닌 수 년 이상의 마라톤과도 같은 것이다. 창업을 하고 나서는 쉴 시간이 없다. 모든 것은 처음 해 보는 것으로 계획한 대로 되지 않기도 하며, 갑자기 위기가 올 수도 있다. 사업이 안정화되기까지는 상당한 시간이 걸릴 수도 있으며, 창업자는 몇 년을 고생하며 결국 손해를 보고 폐업을 할 수도 있다.

특히 직장생활을 하다가 창업을 하는 경우라면 아쉽지 않을 만큼 충분히 쉬고 나서 창업을 하길 권한다. 번아웃(burnout syndrome)을 겪었던 그 시절의 근무 시간이 오히려 행복했다고 느낄 수준의 압도적인 미래가 기다리고 있기 때문이다.

2. 창업 자금 확보를 위한 퇴직금 챙기기

회사를 다니다가 퇴사한 경우라면 창업의 초기 자본금이 될 수 있는 퇴직금을 확보하는 것이 필요하다. 문화예술 분야의 경우 동문 선후배 등의 인맥으로 연결되어 있거나 대표자나 근로자가 퇴직금에 대한 개념을 인지하지 못해 퇴직금을 요구하거나 받지 못하는 경우가 있다.

근로기준법에 따르면 퇴직금은 근로자의 근로연수 1년에 대해서 30일분 이상의 평균임금을 지급하는 것을 최저기준으로 퇴직금 지급기준은 근무기간이 1년 이상이고 1주당 근로시간이 15시간 이상일 때 발생한다. 고용형태와 상관없이 정규직뿐만 아니라 계약직, 특수직에게도 적용되기에 상기 조건에 맞게 근무했다면 창업 자금으로 사용될 퇴직금은 반드시 받아야 한다. 4대보험(연금, 건강, 고용, 산재보험)에 가입되어 있다면, 급여 통장에 들어오는 실수령액이 아닌 4대보험을 포함한 금액이 자신의 급여이고 프리랜서로서 원천징수 3.3%를 제외하고 받는 경우에도 원천세를 납부하기 전 금액을 자신의 급여로 하여 퇴사 직전 받은 3개월 동안 급여의 평균과 근무 개월 수를 곱하면 된다. 포털 사이트 검색 시 찾을 수 있는 퇴직금 계산기에서 자신의 상황에 따른 구체적인 금액을 확인할 수 있다.

회사에 따라 복지 차원에서 퇴직연금제도에 가입되어 있는 경우에는 퇴직금을 받는데 문제가 없으나 회사의 사정이 좋지 않아 퇴직하는 경우에는 퇴직금을 받는데 애로사항이 발생할 수 있는데 창업이라는 새로운 시작에 있어 불필요한 감정 소모를 하기보다는 고용노동부에 신고 접수하여 대한민국 형법에 따라 진행하면 되고 상담전화를 통해 쉽게 친절한 안내를 받을 수 있다.

모든 준비를 완전히 끝내놓고 창업을 하기에는 현실적인 어려움이 있다. 그러므로 앞에서 말한 준비과정은 창업을 한 이후에도, 새로운 아이템을 기획, 개발하는 과정에서도, 더 큰 규모의 정부 지원 사업을 수행하는 등 모든 과정에서 사업 규모와 영역의 단계에 따라 반복적으로 고민하고 확보하고 보충해야 할 것이다.

사업의 시작은 브랜드의 시작이다

브랜드? 브랜드!

온통 브랜드로 이루어진 세상이다. 지금 입고 있는 옷과 사용하고 있는 모든 것이 이름과 상징을 통해 각기 다름을 나타내고 있다. '나타낸다'라는 것은 인류 고유의 활동으로 브랜드는 내가 또는 기업이 누구인지, 어떤 존재인지 표현하는 방법이다. 브랜드는 상품의 차별적 요소를 표현하기 위해 만들어졌다.

'차이점을 만드는 차별적 요소'에서 시작된 브랜드는 아래와 같이 정의되어 왔다.

브랜드 정의
- 브랜드는 복잡한 상징이다. 그것은 한 제품의 속성, 이름, 포

장, 가격, 역사, 그리고 광고 방식을 포괄하는 무형의 집합체다. _
데이비드 오길비(David Ogilvy)

• 제품은 공장에서 만들어지는 물건인데 반해 브랜드는 고객
에 의해 구매되는 어떤 것이다. 제품은 경쟁회사가 복제할 수 있지
만 브랜드는 유일무이하다. 제품은 쉽사리 시대에 뒤떨어질 수 있
지만 성공적인 브랜드는 영원하다. _스티븐 킹(Stephen King)

• 브랜드는 특정 판매자 그룹의 제품이나 서비스를 드러내면
서 경쟁 그룹의 제품이나 서비스와 차별화하기 위해 만든 명칭, 용
어, 표지, 심벌 또는 디자인이나 그 전체를 배합한 것이다. _필립
코틀러(Philip Kotler)

왜 당신이어야 하는가?

'왜 당신이어야 하는가'는 비즈니스 모델을 평가할 때 등장하
는 단골 질문이다. 제품이나 서비스의 장점을 제외하고, 이 사업을
왜 당신이나 당신의 기업이 해야 하는지 설명해 달라는 질문이다.
어떤 이유로 제품이나 서비스가 만들어졌는지, 사업의 목적, 제품
과 서비스의 차별점, 제공하는 가치에 관한 질문이다. 이 질문에 관
한 답이 바로 '브랜드'이다. 브랜드는 제품이나 서비스, 또는 기업
에 대해서 개인이 느끼는 '감정'이라고도 할 수 있다. 사실, 우리는
이성적으로 살고자 하지만 대부분은 직관이나 감성에 지배받으며,
브랜드는 그러한 개인에 의해 정의된다.

일반적으로 사람들은 어떤 브랜드에 관해 자신만의 해석을 통해 나름의 정의를 내린다. 가령 '애플(APPLE)'이라는 단어에 어떤 사람은 눈앞에 아이폰이나 맥북이 그려지기도 하고, 스티브 잡스가 입었던 검은색 터틀넥 셔츠를 떠올리기도 하며, 애플 제품을 사용하는 누군가의 이미지가 머릿속에 스쳐가기도 한다. 떠오르는 이미지와 경험 등 모든 것들이 종합되어 개인이 제품과 서비스, 기업에 내리는 결론이 브랜드이며, 더 많은 개인이 동일한 '감정'을 가진다면 비로소 브랜드가 만들어졌다고 볼 수 있다. 결국 브랜드는 고객 개개인의 해석을 통해 드러나는 차별점이다.

모든 자원이 한정되어 있는 창업가에게 사업과 브랜드는 별개가 아니며 따로 접근해서도 안된다. '나는 왜 이 일을 하는가?'라는 질문에서 사업이 시작되고, 브랜드도 여기서 시작된다. 우리의 상품과 구성하는 사람들의 표정, 사무실의 위치조차도 브랜드가 된다. 사람들은 상품의 모든 요소들을 브랜드와 연결하여 기억에 저장하게 된다. 브랜드는 창업의 근본 목적인 수익 창출을 만들어내는 가장 핵심적인 요소이며, 따라서 제품 및 서비스를 제시하는 과정 그 자체가 고객의 공감을 얻는 활동이 되어야 한다.

사업은 브랜드를 만들어 가는 과정이며, 사업을 완성하는 것은 브랜드를 완성하는 것이다. 창업가는 어떤 방법으로든 브랜드와 자신의 유전자를 공유하게 되어있다. 스스로에게 지속적으로 질문해야 한다.

"나는 왜 이 일을 하는가?"

절대 놓치면 안 되는 브랜드 정체성

창업은 아이템이 아니라 정체성(identity)을 찾는 것에서 시작한다. "나는 왜 이 일을 하는가?"라는 질문을 통해 창업가는 아이템이 아니라 정체성(identity)을 먼저 찾아야 한다.

창업 이전에 정체성을 찾아야 하는 이유는 고객에게 보이는 이미지를 향상시킨다거나 투자를 받기 위해서가 아니다. 창업의 목적이 오로지 돈이라면 모든 의사결정은 돈을 벌기 위한 방향으로 흘러갈 수밖에 없다. 이런 창업가는 돈이 마르면 영혼도 같이 마르게 된다. 창업의 시작에서는 누구도 성공을 확신할 수 없다. 돈이 마르지 않기 위해서 지속적인 매출이 형성되어야 하지만, 사업 초기에는 그러지 못한 경우가 태반이다.

창업가에게 매출은 결과이고 브랜드 구축이 목적이 되어야 한다. 브랜드의 정체성을 찾는 일은 창업가에게 사업을 지속하는 힘을 만들어주는 동시에 브랜드의 기둥이며 뿌리가 된다. 정체성은 없던 것을 갑자기 만들어 내는 것이 아니라 창업가 내면에 있는 신념과 개성을 고객이 이해할 수 있는 형태로 보여주는 것이다. 브랜드는 창업가에게서 만들어진 고유한 정체성을 통해 브랜드의 이야기를 만들어 가는 과정이며, 이것이 브랜딩이다.

브랜드 정체성(brand identity)의 의미를 제대로 알기 위해서는 브랜드 리얼리티(brand reality)와 브랜드 이미지(brand image)를 이해할 필요가 있다. 브랜드 정체성을 통해 이루고자 하는 이상적 지향점이 브랜드 이미지라면, 브랜드 리얼리티는 브랜드의 현재 모습(actual image)을 의미한다. 포토샵으로 잘 정돈된 사진과 실제 사진의 차이가 확연할 경우 식별이 불가능한 것처럼, 브랜드 정체성과 브랜드 리얼리티 사이에 너무 큰 간극이 있다면 고객에게 외면당하기 쉬우니 유의하자.

기업명	McDonald's	컬러	Red, Yellow, White
로고		슬로건 심볼	
캐릭터		패키지	

[표] 맥도날드 브랜드 정체성 표현

브랜드 정체성은 창업가가 걸어온 과거의 모습에서 연속성을 가지는 범위 안에서 이상적 지향점을 찾아야 한다. 그렇기에 브랜드 정체성에서 가장 중요한 것을 브랜드 진정성(brand authenticity)이라고 한다. 진정성을 바탕으로 창업가가 뿌린 씨앗으로 싹튼 정체성은 고객을 통해서 완성된다. 이는 브랜드 이미지로 고객에게 기억되며, 브랜드에 대해 현재 고객이 인식하고 있는 모습이 소셜 이미지(social image)이다. 소셜 이미지가 형성되기 위한 브랜드 정체성의 구성 요소들은 브랜드 내면에 있는 것을 외부에서 보고 들을 수 있게 해 준다. 브랜드 정체성은 기업명, 기업의 컬러, 로고, 상품명 등 여러 가지 방법을 통해 우리는 우리가 누구인지, 무엇을 하고 싶은지 나타낼 수 있으며, 크게 언어적(verbal identity), 시각적(visual identity)으로 표현 가능하다.

언어적 표현 (verbal identity)	시각적 표현 (visual identity)
기업명, 상품명, 슬로건, 태그라인, 캐치 프레이즈	컬러, 로고, 심볼, 캐릭터, 패키지, 홈페이지

[표] 브랜드 정체성 구성 요소

지금 당장 할 수 있는 브랜드 구축

브랜드 정체성(identity)의 본질은 창업가의 신념과 철학이다. 브랜드 자산 관리, 전략 수립 및 경영에 관한 세계 최고의 권위자인 데이비드 아커(David A. Aaker) 교수는 오랫동안 그의 저서에서 브랜드 정체성(identity)이라는 용어를 사용했다. 2014년 출간한 저서 'Aaker on Branding: 20 Principles That Drive Success'에서 브랜드 정체성 대신 브랜드 비전(brand vision)이라는 용어로 대체 사용하였다. 브랜드 정체성이 지나치게 시각적 디자인(graphic design)과 관련된 용어로 사용되어 브랜드 지향점을 추구하는 본래의 의미를 잘 표현하기 위해서 용어 변경이 불가피했다고 한다. 브랜드 정체성(identity)은 많은 경우 시각적 요소로 표현되지만, 본질은 창업가의 신념이며 내면적 철학이다. 그렇기에 우리는 더 세심하게 본질을 살피고 다듬을 필요가 있다.

브랜드를 만들어 가는 길에서 브랜드 정체성을 표현하기 위해 포지셔닝(positioning)과 컨셉(concept)을 만들어야 한다는 조언을 쉽게 들을 수 있을 것이다. '고객의 기억에 어떤 이미지로 전달될 것인가'를 고민하는 과정이다. 그러나 이제 시작하는 창업가가 이 모든 것을 모두 챙기는 것은 불가능하다.

단순하게 생각하자. 핵심은 본질을 기반으로 일관된 시선의 메시지를 전달하는 것이다. 평소 가볍고 장난스럽던 사람이 어떤 사건 앞에서 진지하게 해결하는 상황을 본다면 우리는 그에게 '반전 매력'을 느낄 수 있다. 평소에 보지 못한 모습을 발견하는 의외성에서 호감을 얻는 것이다. 그러나 초기 브랜드에 있어 의외성은 고객의 브랜드 인지에 방해가 된다.

기억하자. 반전 매력은 없다. 우리는 본질을 기반으로 하나의 시선으로 고객에게 일관된 메시지를 전해야 한다. 브랜드에서 언어적, 시각적으로 보이는 모든 것이 메시지이다. 시작하는 창업가인 우리는 브랜드의 이름과 로고 제작을 통해, 명함을 만드는 정도를 우선 진행해 보자.

기억될 브랜드 이름

'내가 그의 이름을 불러주었을 때 그는 나에게로 와서 꽃이 되었다'라는 김춘수 시인의 시처럼 브랜드는 고객에게 불리고 기억될 때 가치를 가진다. 기억되지 못하는 브랜드는 힘이 없다. 브랜드 이름은 정체성의 집약체라고 볼 수 있다. 그만큼 중요하다. 전하고자 하는 가치와 관점이 포함되어야 한다.

어떤 이름이 좋은 이름일까? 브랜드 이름은 크게 직접적 표현과 간접적 표현으로 나뉜다. 직접적 표현은 삼성반도체, 우리은행, 대주전자재료 처럼 기능을 그대로 이름에 표현한 것이다. 브랜드의 이름이 직접적으로 표현된 경우 고객은 기업이나 상품을 명확히 인식할 수 있고, 그를 통한 홍보가 가능하다. 간접적 표현으로 쌍방울, 노랑풍선, 맥스트처럼 이름만으로는 기능을 알 수 없는 경우이다. 브랜드의 특성과 감성이 연결 가능한 장점이 있지만, 고객들이 브랜드를 인지하는데 시간이 필요하다.

이미 어떤 콘텐츠나 작품을 기반으로 하는 이름을 가지고 있거나 생각해둔 이름이 있다면 아래 체크 리스트에 부합하는지 먼저 확인을 해 보자. 브랜드 이름은 가치가 있는 지식 재산권(IP, intellectual property)으로 보호가 되고 있으니, 혹시 타인의 상표와 중복되지 않는지 먼저 확인하고, 새롭게 만들 우리 브랜드 이름도 상표권을 등록하여 법적 보호를 받는 것이 좋다. 이미 등록된 상표권은 특허정보넷(kipris.or.kr)에서 검색이 가능하며, 셀프 등록 시 유사 상표 검색에 유의해야 한다. 아래 체크 리스트에서 문제가 있거나, 타인이 이미 사용하고 있는 브랜드 이름이라면 다시 한번 고민해서 브랜드 이름을 만들어보자.

브랜드 이름 정하기 전 기본 체크 리스트

∨ 많은 경쟁자 속에서 눈에 띄는 이름인가?

∨ 쉽게 기억하고 사용될 수 있는가?

∨ 계획하는 사업 분야에 적절한가?

∨ 사람들이 들었을 때 알아듣고 따라할 수 있는가?

∨ 긍정적 이미지를 지니고 있는가?

∨ 다른 무언가로 착각할만한 이름은 아닌가?

∨ 상표화 할 수 있는지 특허정보넷에서 확인했는가?

 특허정보넷(kipris.or.kr)

∨ 온라인에서 사용이 가능한가? - 포털 / 도메인 검색

브랜드의 이름은 브랜드 전략과 밀접한 관계가 있다. '어떤 브랜드를 만들 것인가'를 고민하는 것이 바로 브랜드 전략을 수립하는 단계이다. 브랜드 전략은 크게 개별 브랜드 전략과 포괄 브랜드 전략으로 볼 수 있다. 개별 브랜드 전략은 기업의 브랜드와 상품의 브랜드를 모두 다른 브랜드로 나누는 경우이다. 애플은 개별 브랜드 전략을 사용하고 있으며, 아이폰, 에어팟, 맥처럼 기업과 상품의 브랜드가 나뉘어 있다. 소니는 포괄 브랜드 전략을 사용하기에 소니의 모든 브랜드에서 같은 브랜드를 사용하고 있다.

브랜드 이름 만들기

이름만으로도 다른 설명이 필요 없는 브랜드가 있다. 잘 만들어진 이름의 힘이다. 어떤 브랜드는 그 자체가 삶 속으로 들어오기도 한다. 구글링(Googling), 뽀샵(포토샵)이라는 단어를 우리가 자연스럽게 사용하는 것처럼 우리가 만드는 브랜드도 그렇게 되기를 바란다.

기업이나 제품, 서비스를 고스란히 담는 이름을 만든다는 것은 어려운 일이지만, 좋은 브랜드 이름 하나로 엄청난 마케팅 비용을 줄일 수 있다. 브랜드 이름을 짓는 기본적인 방법들을 소개한다.

1. 익숙한 단어를 그대로 사용하거나 조합하기

가장 많이 사용되는 방법으로 익숙한 단어를 그대로 사용하거나, 조합하는 방법이다. 고객들이 직관적으로 이미지를 연상하고 기억하기 쉽다. 그러나 이미 선점되어 있을 가능성이 커 상표권 등록이 어렵다.

🅔 애플, 아마존, 페이스북, 카카오, 배달의 민족, 노랑풍선, 당근마켓

2. 영문 이니셜 사용하기

CJ는 제일 제당, SK는 선경의 이니셜이다. ASICS는 Anima Sana In Corpore Sano(건강한 육체에 건강한 정신이 깃든다)의 이니셜

로 만들어진 브랜드 이름이다. 이니셜로 만들어진 브랜드의 경우 글자 하나만 달라져도 이미지가 달라지기에 상표권 획득이 쉬운 편이다.

이니셜 네이밍의 경우 고객이 브랜드를 인지하기까지 시간이 오래 걸리는 단점이 있다. 이니셜 브랜드의 대기업이 유독 많은 이유는 글로벌 진출과 차별화가 쉽고, 브랜드 인지까지 걸리는 비용과 시간의 확보가 가능하기 때문이다.

예 NH, LG, IBM, KT&G, KDB, BHI, STX, KEC

3. 의미와 이미지를 그대로 표현하기

브랜드의 정체성(identity)을 찾기 위해서는 나와 브랜드에 대한 많은 고민이 필요하다. 이 과정에서 찾게 된 의미와 이미지를 브랜드 이름으로 표현하는 방법이다. 스킨푸드(피부가 먹는 음식) 같이 추구하고자 하는 방향을 뚜렷이 하는 이름의 경우 브랜드 정체성을 명확하게 전달할 수 있고, 뚜레쥬르(tous les jours 날마다/프랑스어)처럼 뜻을 안다고 해도 브랜드 이름만으로 지향점이 모호한 경우, 브랜드 확장이 쉽고 방향의 전환도 쉽다는 장점이 있다.

예 챔피언, 씽씽, 좋은 느낌, 캐시라이크, 스노우피크, 위메이드

4. 단어를 더하거나 변형하기

하이닉스는 전신인 현대의 이니셜 HY에 Electro nics(=Nix)를 더하여 만든 브랜드 이름이다. 아시아나는 ASIAN에 A만 더해진 이

름이다. 스와치(Swatch)는 Swiss+Watch로 조합된 이름이다. 정체성을 나타내는 단어를 기본으로 더하거나 변형을 하여 신조어를 만드는 방법은 고객의 이해도를 높이면서 브랜드 가치를 잘 표현하는 방법이기도 하다.

밀키스라는 음료 브랜드는 Milk+kiss의 합성어를 사용하여 브랜드 이미지를 연상하게 한다. 브랜드 자체로 고객에게 어떤 그림이 그려질 수 있다면 가장 좋은 브랜드라고 할 수 있다.

예 넷플릭스, 핀터레스트, 스냅챗, 스타일난다

5. 의성어, 의태어, 외계어 사용하기

아무 의미가 없는 브랜드도 있다. 아무 의미가 없지만, 발음이나 느낌으로 의미를 전달하는 브랜드 이름이다.

의미 없는 단순한 단어가 브랜드가 가진 가치와 연동된다면 기억되는 브랜드 이름이 될 것이다. 브랜드 안에서 이루어지는 활동들의 의성어나 의태어도 재미있는 브랜드 이름으로 만들어질 수 있다. 이 경우 브랜드 이름과 기업이나 제품, 서비스 사이의 연결고리를 단단하게 해 주는 이야기 전략이 필요하다.

예 따릉이, 찹찹(Chopchop), 징가(Zynga), 훌루(hulu), 뱅뱅(BangBang)

6. 반드시 피해야 할 브랜드 이름

브랜드 이름을 지을 때 가장 중요한 조건은 기억되기 쉬운 이름을 통해 고객의 관심을 받는 것이다. 하지만 극단적 브랜드 이름을 통해 얻는 관심은 부정적 이미지로 연결되므로 반드시 피해야 한다. 또 정치나 종교, 인종, 윤리적 거부감이 드는 이름은 사용해선 안 된다. 사회적 통념에 어긋나는 브랜드는 잠깐 주목받을 수 있지만 얻는 것보다 잃는 것이 더 많다.

어렵게 얻은 브랜드 이름이지만 이중적 의미나 발음에서 부정적 이미지가 조금이라도 있다면 다른 이름을 찾아보는 것이 좋다. 엑슨 모빌(Exxon Mobil)의 전신은 스탠더드 오일(Standard Oil)이었다. Energy Company를 줄인 엔코(Enco)로 기업명 변경을 시도했으나 일본어로 엥꼬(えんこ, 전차/자동차 등이 고장 나 움직이지 못하는 상태)라는 의미가 연상되어 현재의 엑손(Exxon)을 새로운 브랜드로 선택하게 되었다고 한다.

브랜드 로고 만들기

로고는 브랜드의 얼굴이다. 잘 만들어진 로고는 자신을 경쟁자들보다 돋보이게 하고, 기억하기 쉽게 한다. 로고 없이 브랜드 이름만으로 브랜드를 나타낼 수도 있다. 하지만 텍스트인 브랜드 이름과 이미지인 로고가 함께 브랜드를 표현하면 더욱 기억되기 쉬운 브랜드가 될 수 있다. 브랜드 이름과 이미지를 따로 만드는 방법과 브랜드 이름을 디자인하여 로고를 만드는 방법이 있다. 전문 디자이너에게 의뢰하는 방법이 있지만, 우리는 아래 내용을 잘 이해하고 무료 템플릿을 통해서 로고를 만들어보자.

1. 브랜드 기본 색채 정하기

세상은 다양한 색채에 둘러싸여 있다. 인지하지 못하지만, 컬러는 우리의 감정과 기분에 영향을 미친다. 색채와 관련된 인간의 행동(반응)에 관한 색채 심리학 분야의 많은 연구 결과를 확인할 수 있다. 사람을 움직이게 하는 색채를 통해 우리의 브랜드는 어떤 메시지를 전할지 고민해 보자.

2. 색채의 표현

－ 온도(색상 영향)

적색 계통은 따뜻한 느낌을, 청색 계통은 찬 느낌을 준다.

－ 무게(명도 영향)

밝은 색은 가벼운 느낌을, 어두운 색은 무거운 느낌을 준다.

－ 크기(명도 영향)

같은 크기라도 밝은 색으로 채색된 쪽이 더 크게 보인다.

3. 로고를 통해 보는 색채 심리

색상	로고	브랜드	설명
빨강		유튜브	빨강은 인간 근원의 생명색이라고 한다. 열정, 분노, 사랑이나 힘을 표현할 수 있는 색이다.
노랑	kakao	카카오	노랑은 사랑의 에너지를 나타낸다. 자신과 희망으로 가득 찬 긍정적 반응을 통해 커뮤니케이션에 효율적인 색이다.
주황	mi	샤오미	빨강의 강렬함과 노랑의 즐거움이 어우러진 주황은 에너지를 통한 생명력을 나타내는 색이다.
초록	NAVER	네이버	초록은 태초의 색이며, 인간의 부교감 신경을 자극하여 안정 효과를 불러온다는 것이 과학적으로 증명되어 있다.
파랑	facebook	페이스북	파랑은 마음을 차분하게 해 주는 색으로 신뢰를 표현할 수 있다. 많은 기술 기반 기업이 이를 표현하기 위해 파랑을 로고에 사용한다.
보라	Kurly	마켓컬리	빨강과 파랑의 중간색인 보라는 신비로운 힘을 나타내는 색이다. 힘과 안정의 균형을 나타내며 부와 로열티를 상징하기도 한다.
검정	🍎	애플	무채색인 검정은 어두움과 진지함, 장엄함과 권위의식을 표현한다. 이를 통해 프리미엄, 고성능을 상징한다.
혼합	Google	구글	3가지 이상의 색의 혼합하는 로고는 다양성과 다채로움을 키워드로 사용할 수 있다.

[표] 로고를 통해 보는 색채 심리

4. 브랜드 컬러 선택에서 고려할 사항

- 단색은 단순한 느낌을 주며, 통일성을 부여한다.

- 두 가지 이상 색을 사용하는 경우 배색에 따라 변하는 이미지를 고려한다.

- 로고에 나치를 의미하는 갈고리 십자가 모양인 하켄크로이츠(Hakenkruez)를 사용한다거나 일본 육군기를 상징하는 붉은 햇살 모양의 욱일기 마크를 사용하는 일은 지양해야 한다.

- 사용되는 폰트가 상업적 사용이 가능한지 꼭 확인해야 한다.

5. 템플릿을 통해 무료로 로고를 제작할 수 있는 사이트

Canva

www.canva.com

Hatchful

www.hatchful.com

Miricanvas

www.miricanvas.com

무료 템플릿을 통해 쉬운 로고 디자인이 가능하며, 파일 다운로드도 가능하다. 무료 템플릿 사용이 가능한 여러 사이트 중 상업적 사용이 가능한 템플릿이 많은 사이트를 선정하였다. 브랜드의 로고를 만드는 이유는 개인 취향의 반영이 아닌, 브랜드를 시각적으로 표현하기 위한 것임을 잊지 말자.

명함 만들기

브랜드의 이름과 로고가 제작되었다면, 다음 원칙에 입각해 명함을 만들어 보자. 명함은 비즈니스를 위한 가장 기본적이고 중요한 도구이다.

1. 명료성

명함에는 이름과 연락처, 기업명 또는 하는 일, 이메일 등 나를 알리기에 필요한 정보가 표기되어야 한다.

2. 단순성

과한 장식, 복잡한 무늬, 특이한 소재를 사용하여 전달해야 하는 정보가 가려지지 않도록 단순하게 제작한다.

3. 보편성

일반적으로 사용하는 명함 크기(50*90mm)를 벗어나거나, 특이한 서체를 사용하여 정보 인지에 방해가 된다면 명함의 기본 기능을 상실하게 된다.

명함만으로는 브랜드의 인지도가 높아지거나 우리 브랜드를 찾는 고객이 늘어나지는 않는다. 배달의 민족을 운영하는 '우아한 형제들' 김봉진 대표의 명함은 이름의 폰트를 아주 크게 배치한 것으로 유명하다. 디자인이나 개성을 우선하는 것도 좋지만, 명함은 명함의 기능에 충실하게 제작하자.

시장 검증, 이렇게 한다

사업계획서 작성이나 지원 사업을 준비하다 보면 MVP (Minimum Viable Product) 모델 테스트는 해봤는지, 제품을 판매할 시장이 있는지에 대한 질문을 받게 될 것이다. 핸드메이드 작가나 디자이너라면 아이디어스(Idus)를 통한 시장 검증을 해보자.

핸드메이드 장터 아이디어스

㈜백패커가 운영하는 아이디어스는 작가들의 제품을 보고 구매가 가능한 소비자용 사이트(http://www.idus.com)와 판매 작가 페이지(http://artist.idus.com)를 운영한다.

아이디어스에 따르면 현재 503만 명의 고객과 2만 5천 명의 작가가 모여 핸드메이드 시장을 선도하는 아시아 최대의 핸드메이드 라이프스타일 플랫폼이다. 2019년 6만 명 이상이 참여한 아이디어스 설문조사에 따르면 아이디어스에서 핸드메이드 제품을 생애 처음 구매한 이가 93%나 되며, 아이디어스 이용 후 핸드메이드 작품의 구매 횟수 또한 최대 5배 증가한 것으로 조사되었다. 이러한 아이디어스를 시장 검증용으로 추천하는 이유는 사업자등록증이 없어도 작가 등록 후 판매를 시작할 수 있기 때문이다. 사업자등록은 일정 수입이 생기면 그때 해도 늦지 않다.

START-UP TIP

아이디어스(Idus)에 입점하는 방법

신청 -〉 심사 -〉 입점

1. 신청:
이메일(artist@backpac.kr)로 심사자료 보내기

작품 입점 시 필요한 자료
- 작가&브랜드 소개 글
- 판매할 작품에 대한 상세한 설명 글
- 작품 제작 과정(사진 6장 이상 또는 영상)
- 판매할 작품 사진(사진 6장 이상)
  [TIP] 작품 제작 과정 사진에 만드는 손이 나오게 찍는다
- 오프라인 클래스 입점: 작가&브랜드 소개 글

- 판매할 클래스에 대한 상세한 설명 글
- 클래스 진행 공방 사진(사진 3장 이상)
- 클래스 진행 모습 사진(사진 3장 이상)
- 클래스 수강생 완성작 사진(사진 3장 이상)

2. 심사*:
- 사진 퀄리티: 구도, 연출, 디테일 표현력 등
- 독창성: 작품/클래스의 차별성, 창의성, 심미성, 예술성 등
- 완성도: 내구성, 완성도, 기술력
- 표현력: 작품/클래스 소개 스토리텔링, 고객 소구력 등
- 시장 경쟁력: 가격 적정성, 트렌드 적합성, 시즌성

3. 심사 통과 후 입점 안내 메일 수신

아이디어스 작가로 입점을 하게 되면 artist.idus.com에 로그인을 하거나 아이디어스 작가 앱을 다운로드 및 로그인 할 수 있게 된다.

아이디어스를 시장 검증 도구로 사용하기 좋은 첫 번째 장점이 바로 아이디어스 작가 앱의 기능에 있다. 아이디어스 작가 앱에서는 매일매일의 매출과 내 작품을 즐겨찾기한 사람, 나를 좋아하는 사람, 작품 조회 수, 판매 개수 등의 데이터를 저장해 준다. 또한 일별, 월별, 연도별, 누적 등으로 데이터를 볼 수 있고 이를 시장

*5가지 기준 중 4가지 이상 기준을 충족하면 심사 통과!

INSIGHT START-UP

검증의 도구로 사용할 수 있다. 판매 데이터를 통한 시장 검증만큼 좋은 것은 없다.

두 번째 장점은 아이디어스 앱 내에 고객들의 진솔한 구매 후기이다. 아이디어스는 다른 판매 플랫폼과 달리 고객들과의 소통과 신뢰를 기반으로 제품을 판매한다. 판매자를 작가님이라는 호칭으로 부르고 일주일이 넘는 제작 기간도 기다려주는 고객들은 다른 곳에서는 보기 힘든 모습이다. 그만큼 구매후기도 솔직하다. 나와 비슷한 카테고리 내 판매를 잘하는 작가의 구매후기를 참고해 보자. 아쉬웠던 점이나 좋았던 점이 명확하게 나타나 있다. 고객의 니즈(needs)를 구매후기에서도 찾을 수 있고 내 상품에 반영할 수 있다면 나날이 업그레이드되는 나의 브랜드와 제품을 보게 될 것이다.

세 번째 장점은 아이디어스에 입점해서 판매하는 작가들은 온라인상의 판매뿐만이 아니라 오프라인 아이디어스 매장이나 오프라인 클래스 운영, 마켓 참여 등의 다양한 판로지원도 받을 수 있다. 도전해 보자. 내 제품이 어디에서 누구에게 잘 팔릴지는 팔아봐야 안다.

네 번째 장점은 아이디어스 내에서 www.idus.com/brand 의 형태로 작가 URL을 하나씩 만들 수 있도록 제공한다는 점이다. 나만의 홈페이지나 포트폴리오처럼 나의 아이디어스 매장을 홍보하고 사용할 수 있으니 꼭 알아두자.

또한 아이디어스 작가 앱 내 공지사항을 들어가 보면 매주 화

요일 아이디어스 트렌드 리포트를 발행한다. 금주의 키워드 및 급상승 키워드 10, 급하락 키워드 10, 금주의 블루오션과 레드오션 키워드 및 금주의 트렌드 소식을 전한다. 이를 참고하여 제품의 홍보 및 마케팅 방향을 정하고 키워드를 제품에 입력해 준다면 매출도 올리고 트렌디한 작품을 제작하는 작가가 될 수 있으니 꼭 확인하자.

아이디어스는 작가들을 위한 특별한 혜택을 다음과 같이 제공한다.

① 작가 스토어: 핸드메이드 원부자재 최저가로 구매 가능
② 디자인 서비스: 명함, 로고, 전단 등 브랜드를 위한 디자인
③ 작가 교육: 온라인 마케팅, 손익관리, 법률, 서비스 교육
④ 밀착 컨설팅: 소수 정예 맞춤 컨설팅 및 판매 심화교육
⑤ 촬영 대행: 전문 포토그래퍼의 무료촬영
⑥ 한진택배 제휴: 소량도 제휴 가격 적용, 기사님 방문 픽업
⑦ 건강검진: 고급 종합검진을 저렴한 가격으로 이용
⑧ 후원금: 고객님이 챙겨주는 작가님 보너스

이 밖에도 아이디어스는 작가들을 위한 주기적 교육과 행사를 계속하여 진행한다. 무료 교육도 많고 참여하면 나에게 필요한 맞춤 컨설팅 등도 제공해 주니 신청해서 들어보자. 일반 작가의 경우

월 매출 20만 원이 넘지 않으면 아이디어스 수수료를 받지 않는 제도 등도 운영하고 있다.

따라서 시장 검증의 툴로써 온라인 핸드메이드 플랫폼인 아이디어스를 추천한다. 정말 돈을 내고 제품을 사는 사람이 우리의 고객이고 그들의 진솔한 얘기는 판매를 통해서 들어야 가장 정확하다. 아이디어스 작가에 도전해서 시장 검증을 해보자.

네이버 스마트 스토어를 통한 시장 검증

스마트스토어 이름은 가입 후 1회 수정 가능
스마트스토어 URL은 수정 불가능

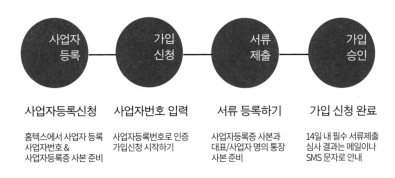

네이버 스마트 스토어도 테스트 베드(Test Bed)로 사용이 가능하다. 내가 만든 상품이 고객에게 어떤 반응을 끌어낼 수 있을지 확인할 수 있다. 판매자 유형에 개인 판매자와 사업자 판매자가 있는데, 개인 판매자의 경우 사업자등록을 하지 않았을 때 활동이 가능하다. 이 경우 한시적이지만 시제품의 판매를 통해 소비자 반응

을 볼 수 있는 기회가 되기도 한다.

개인 판매자의 경우 필수서류는 없으며, 가입 후 사업자등록을 한다면, 사업자로 전환할 수도 있다. 개인 판매자가 지속적으로 상품을 판매하는 경우, 판매자는 사업자등록을 해야 하며 이 경우 사업자등록 없이 물품을 계속 판매하면 미등록 가산세 등 불이익을 받을 수 있다.

초기 제품이 얼마나 판매하는지 테스트를 해보기 위해 잠시 판매를 하게 되면 꼭 주의하자. 판매 건수나 판매 금액을 생각하지 못한다면, 갑작스럽게 사업자등록을 해야 하는 상황이 올 수도 있다.

사업자 전환 조건 및 통신판매업 조건 :

사업자 신고(사업자 전환) 안내와 통신판매업 신고 안내가 통합되어 진행되기 때문에 사업자 기준에 충족하지 않더라도 통신판매업 신고 기준에 충족할 경우 네이버 스마트 스토어를 통한 알림이 진행된다.

다음 조건 중 1개가 충족되면 알림이 진행된다.

1. 직전연도 누적 금액이 4,800만 원 이상이거나 주문 건수 50건 이상

2. 당해 연도 1월부터 판매 누적 금액이 4,400만 원 이상이거나 주문 건수 50건 이상

거래금액이 미충족되어도 구매확정 건수가 충족되면 통합 안

내가 진행된다.

부가가치세 시행령에 따라 지속적인 판매를 하는 개인 판매자는 사업자등록 후에는 부가세 신고를 직접 진행해야 한다. (출처: 네이버 스마트 스토어 센터)

 네이버 스마트 스토어 가입 과정이 어렵다고 생각된다면, 네이버 TV 내 네이버 비즈니스 스쿨(이하 '네비스') 채널에서 가입 과정부터 정산/고객 관리까지 영상으로 볼 수 있으므로 사이트에 방문하여 차근차근 배워보자.

네비스의 개별 사이트에서는 포인트가 표시된 코스 교육을 학습하면 교육 포인트를 받을 수 있고, 이 포인트는 네이버 광고의 비즈 머니 또는 스마트 스토어의 마케팅 포인트로도 전환되어 사용 가능하니 초기 제품을 테스트하면서 마케팅까지 시도할 수 있는 기회이다.

문화 콘텐츠, 언제 출시하고 어떻게 공개하는가?

디지털 콘텐츠를 제작할 때는 제일 먼저 컨셉 빌딩(Concept Building)이 우선되어야 한다. 컨셉에 힘을 실어줄 배경 세계관 설정도 필요하다. 그렇다고 모든 설정, 모든 컨셉을 구성해서 완벽한 기획을 한 다음 작품이나 제품을 제작하고자 한다면 너무 많은 비용과 시간이 소요되고 실패 시에도 재도전할 기회조차 얻지 못할 수 있다. 문화 콘텐츠를 얼마만큼 만들어서 어떻게 노출해야 할까? 이제 그 방법을 사례를 통해서 알아보자.

일반적으로 제품 생산에서는 MVP(Minimum Viable Product)라고 해서 최소 기능의 제품을 제작하고 평가와 피드백을 받는 과정을 거친다. 콘텐츠에서는 어떻게 최소한의 내용을 평가받을 수 있을까? 콘텐츠 제작에서는 POC(Proof Of Concept: 컨셉 증명)라는 개념을 더 많이 사용한다. POC를 통해서 해당 콘텐츠에 대한 여러 가지 확인을 하는 것이다.

매트릭스1를 촬영할 때 '플로 모션(flow-motion)[2]'이라고 하는 촬영기법으로 여주인공 트리니티가 날아올라 발로 차는 시그니처 씬(signature scene: 대표적인 장면)을 만들었는데, 당시 제작진은 가지고 있는 제작비를 여기에 모두 썼다고 한다. 이 영상 기법과 씬(scene)을 본 제작 투자사는 매트릭스1에 대한 확신을 가지고 완성할 때까지 필요한 모든 제작비를 제공하게 되었다고 하며, 이는 영화제작 분야의 POC의 사례로 유명하다. 이때 워쇼스키(Wachowski) 감독이 POC를 통해서 제작 투자사를 설득할 수 없었다면 현재의 매트릭스가 있을 수 있을까? 이처럼 콘텐츠의 핵심 가치, 핵심 기술, 핵심 스토리를 확실하게 전달할 수 있는 형태의 POC는 굉장히 중요한 부분이다.

그럼 실제적으로 이렇게 POC를 제작해서 어떻게 소비자에게 노출하고 직접 피드백 받을 수 있을까? 과거에는 내부 팀들이나 제작 관계자만이 폐쇄적으로 POC를 진행했고, 객관적인 평가가 힘들기 때문에 특정 사람들을 초대하거나 전문가 집단에 의뢰해서 POC를 진행하거나 테스트를 통해서 반응을 살펴보고 피드백을 진행하는 경우가 많았다.

하지만 요즘은 유튜브라는 플랫폼에 누구나 자신의 영상 콘텐츠를 제작해서 전 세계에 노출할 수 있는 기회가 있다. 유명 캐릭터 IP '미니언즈(Miniuns)'를 제작한 감독 피에르 코팽(Pierre-Louis

---

2 플로모션(flow-motion)기법은 1초에 100프레임을 촬영할 수 있는 고속 촬영 카메라를 120대 이상 설치해 초당 12,000프레임을 촬영한 후 영상을 편집하는 기술이다.

Padang Coffin)도 미니언즈들을 창작할 때 캐릭터의 컨셉과 성격들을 테스트하기 위해 많은 숏컷(Shortcut) 무비들을 만들었다. 그것들이 실제 영상에 반영되어 다양한 성격과 애니메이션 속에 디테일을 넣을 수 있었다고 한다. 그리고 유튜브에 미니언즈들이 출현하는 숏컷 영상들을 올려 홍보 효과도 노린 듯하다. 세계관을 확립하고 애니메이션까지 제작하는 형태로 확장하는 이런 미니언즈의 사례도 POC를 성공적으로 활용하는 사례이다.

이후에도 다양한 슈퍼배드 시리즈 제작 및 스핀 오프(spin-off), 그리고 캐릭터 프랜차이즈(franchise)를 통해 전시장, 상품화, 게임, 장난감 등 성공적인 문화콘텐츠 프랜차이즈로 확장된 점을 주목해야 한다. 이처럼 캐릭터 디자인을 완성하기 전에 핵심 컨셉을 증명할 수 있는 숏컷 무비를 제작 후 사람들의 반응을 보고 수정 보완하여 실제 제작하는 콘텐츠에 녹여내는 기법이 소규모 콘텐츠 제작사가 대형 IP 회사로 거듭나는 초석이 되었다는 부분은 기억할 필요가 있다.

게임 콘텐츠의 경우도 사용자 인터렉션(User Interaction)을 기반으로 하기 때문에 제작 기간만큼이나 테스트에 비용과 시간을 많이 할애해야 한다. 그리고 확장 가능한 기능들은 제외하고 핵심 플레이와 유저 간의 인터렉션이 필요한 부분을 먼저 제작하여 메인 콘텐츠의 가능성을 확인하게 된다. 이때 테스트 기반의 제작 프로세스를 주로 이용한다.

특히 온라인 게임 콘텐츠의 경우 클로즈드 베타테스트(CBT),

포커스그룹테스트(FGT), 오픈베타테스트(OBT)처럼 사용자들과의 직접적인 만남을 통해서 적극적인 피드백을 받은 콘텐츠들은 그만큼 성공의 확률이 올라간다. 사람들의 첫 만남에서도 첫인상이 중요하듯이 유저와의 첫 만남에서 외형적인 부분에 신경을 쓰지 않을 수가 없다.

문화 콘텐츠를 기획하고 준비하고 있다면 그 규모와 장르에 상관없이 컨셉단계에서 POC를 통해서 피드백을 받기 위한 수단으로 유튜브를 적극 활용해야 한다. 콘텐츠 소비의 잠재적 주축이 될 Z세대를 겨냥하고 있는 콘텐츠에서 유튜브를 이용한 노출 및 피드백은 필수가 되었기 때문이다. 또한 유튜브에서는 예전의 레거시 미디어(Legacy media: 공중파 방송 등의 전통적인 미디어)의 마케팅 비용보다 훨씬 적은 비용으로 큰 효과를 볼 수 있다. 콘텐츠 소비 타겟이 10대에서 30대 사이라면 더욱 필수적이다.

Z세대와 밀레니얼 세대에게 유튜브는 생활 그 자체일 뿐만 아니라 단순히 시청각 자료가 아닌 콘텐츠에 대한 다양한 생각들을 나누고 공유하며 그것을 기반으로 2차 창작물을 생산까지 하는 공간으로 작동한다. 만일 사용자 중심의 콘텐츠라면 더욱 그 팬덤을 만들어 내기 위한 공간으로 이것만큼 좋을 수 없을 것이다. 물론 팬덤을 만들어 낼 수 있을 만한 문화 콘텐츠 IP를 보유하고 기획했을 때의 이야기이다.

문화 콘텐츠의 성공 확률을 높이기 위한 전략은 '할 수 있는 것을 빠르게 만들고 독자에게 판단하게 한다는 것'이다. 최소한의 기능 혹은 콘셉트를 담은 작품 또는 상품을 빠르게 완성하여 유튜브나 미디어를 활용해 노출하여 사용자의 적극적인 피드백을 받아 수정한다는 것이다. 이렇게 문화 콘텐츠의 흥행 가능성을 확인하는 작업을 반복하면 작가주의적 관점에서 벗어나 유연성을 가지게 되고 그 과정에서 사용자(독자)와 관계를 형성해 팬덤의 베이스를 만들 수 있다는 점에 주목하기 바란다.

기획하지 말고 계획하자

예술과 창업의 성장 구조

문화예술 분야의 성장 방향은 다양하다. 미술 전공자들은 졸업 후 지원 신청을 통해 공공미술관 컬렉션에 이름을 올리거나, 자신의 작품을 알리기 위해 비엔날레(Biennale), 아트페어(ArtFiar) 등 마켓에 출품하기도 한다. 작가들에게는 작품 전시가 어디에서 기획됐는지도 중요한 포트폴리오이기에 민간이 운영하는 생활공간 전시보다 공신력 있는 전시행사를 선호한다. 유명 미술평론가들에게 호평을 받아 시선을 끌 수 있는 기회도 있다. 또는 추천을 받아 좋은 조건으로 유명 화랑과 전속계약을 하거나 작품의 가치를 인정받아 고가에 작품 판매를 할 수도 있다. 공연예술계도 상황은 비슷하다. 공연을 하다가 인기를 얻어 상설 공연할 기회를 얻거나 방송국 PD나 매니저에게 발탁되어 유명 기획사와 전속계약을 한다.

오디션을 통해 글로벌 진출 기회를 만들기도 한다.

이와 달리 창업의 프레임은 성장에 맞춰져 있기에 고객 가치와 이익 창출을 위한 단계적 구조를 띤다. 고객의 문제에서 해결 방법을 찾거나 창의적 아이템의 발견, 비즈니스모델의 수립, 검증을 통해 제품 서비스의 품질을 향상하고 고객을 확보한다. 이러한 사업타당성 검증을 통해 투자유치와 성장기회를 얻을 수 있다.

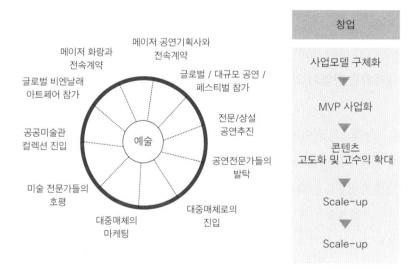

[그림] 예술 성장 프레임: 선택적 과정　　　　[그림] 창업 성장 프레임: 단계적 과정

현재 〈콘텐츠코리아랩〉은 예비 창작자·창업자를 지원하고 있다. 2021년 8월 기준으로 총 16개소(서울 1개소, 지역 15개소)로 운영되고 있는데, 지역을 중심으로 문화 원형을 이용한 다양한 IP(지식 재산권) 콘텐츠들이 생겨나면서 사업을 확장시키고 있다.

예비 창작가 창업자 단계				창업 성공
열린 공간 제공	집중 지원 프로그램	창작 공간 및 장비 제공	데모데이 개최	
아이디어 소통	아이디어 융합	시제품 창작 제작	투자 유치 콘텐츠 제작	창업 및 마케팅
▲	▲	▲	▲	
개인별 맞춤형 멘토링, 저작권 세제 법률 컨설팅 서비스				

[도표] 코리아콘텐츠랩 지원체계(출처: 문화체육관광부)

체계화된 창업화 과정을 반영해보자

창작기획은 크게 문화예술 기획과 문화콘텐츠 기획으로 나눌 수 있다. 이는 예술을 매개로 하거나 창작기반으로 다양한 기획 소재를 개발한다는 측면에서 비슷하지만 사업분야에선 조금 다르다.

'문화예술 기획'은 예술 장르 기반의 전시·공연·출판 기획을 포함하면서 지역과 사람을 연결하고 예술적 가치를 높이기 위한 문화 기획으로 해석하기도 한다. 정부의 문화도시 사업과 도시재생사업, 생활문화센터 사업들이 추진되면서 지역 문화 공동체 중심으로 문화예술 기획 사업도 활성화되어 왔다.

'문화콘텐츠 기획'은 음악, 방송, 게임, 캐릭터, 애니메이션, 영화, 만화 등의 분야를 중심으로 다양한 디지털 콘텐츠 유형으로 창작되는 기획이다. 이는 지속적인 부가가치를 높이기 위한

OSMU(One Source Multi Use)를 활성화하면서 문화 고유의 가치를 극대화하여 다양한 콘텐츠 유형으로 재생산하면서 플랫폼 중심으로 확장되고 있다.

[표] 문화예술기획과 문화콘텐츠 기획의 사업분야

시장의 형태와 산업화 등으로 기획이 분리된 것처럼 보였던 문화예술과 문화콘텐츠는 기술의 발전과 사회적 가치 변화에 맞춰 점점 유사한 기획 형태를 보이고 있다. 따라서 다양한 플랫폼과 소비시장의 트렌드에 맞는 융합형 문화예술 콘텐츠를 제작하고 결합하는 기획이 필요해지고 있다.

〈콘텐츠코리아랩〉은 융복합 사고를 높이기 위해 창작물에 대해 장르, 플랫폼, 산업 간의 융합이 자유롭게 펼쳐지도록 콘텐츠 창작자와 기획자들의 소통을 체계적으로 지원해 오고 있다. 이렇게 융복합 되는 문화예술·콘텐츠 기획을 보다 체계적으로 계획할 때 참고할 수 있는 것이 바로 창업화 과정이다. 아이디어 가치를 발굴하고 이용자 분석에서부터 시작되는 체계화된 창업과정 모델은 문화예술 · 콘텐츠 기획에서 추상적인 가치를 배제하고 구체화시킬 수 있는 현실적인 목표와 방향을 제시하는 데 있어 도움이 될 수 있다.

특히, 창업을 위한 단계별 사업화 계획에 있어 문화예술 · 콘텐츠 기획은 사업모델 수립 단계에서부터 사업성 검증, 사업개발 고도화에 이르기까지 영향을 줄 수 있다.

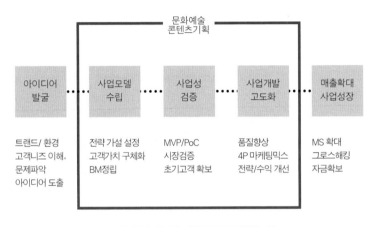

[표] 문화예술, 콘텐츠 기획을 반영한 창업화 과정

이렇게 단계별 창업화 계획 과정 안에서 문화예술 · 콘텐츠 기획을 적용해 본다면 체계적 계획을 세우는 데 도움이 될 뿐만 아니라 기획하는 데 있어 사업적으로 고려해야 하는 사항들을 폭넓게 검토해 볼 수 있다는 장점이 있다.

이제는 독창적인 예술 기획이나 콘텐츠 자체를 제작하는 기획 단계를 넘어 혁신적 기술로 기회를 만들고, 고객들의 가치 있는 소비를 위해 다양한 융복합 기획이 필요한 시점이다. 지금 필요한 것은 양방향적 기획과 지속 가능한 사업화 방안을 계획할 수 있는 역량이기 때문이다. 정형화할 수 없는 창의적이고 다양한 문화예술·콘텐츠 기획에서도 창업화 과정과 연계하여 기획한다면 계획적인 사업 방향을 세우는데 분명 도움이 될 것이다.

사업계획서 작성, 어렵지 않다

　창업 전후로 가장 각오해야 할 부분이 바로 다량의 문서작성이다. 특히 정부 지원 사업을 준비한다면 사업계획서 작성부터 선정 후 공문 외에 보고서, 기획서, 제안서, 서비스(제품) 설명서 등 학교에선 배우지 못한 다양한 문서작성에 직면하게 된다. 그중 대표적으로 가장 많이 작성하게 될 문서인 사업계획서 작성 방법에 대해 알아보도록 하자.

　일반적으로 사업계획서는 '창업하게 된 동기, 시장 현황 및 동향, 투자유치 또는 자금 조달, 마케팅 계획 및 전략, 팀 구성 계획 등 사업 추진에 있어 사업의 내용을 정리하고 계획을 수립하는 문서'라고 정의하고 있다. 한마디로 사업가가 머릿속에 있는 아이디어인 핵심 기술이 적용된 제품 또는 콘텐츠, 사업 추진전략 등을 문서화하는 것이다. 사업계획서는 지원 사업을 통해 사업적 가치를 검증받거나 외부로부터 투자유치하는 등 다양하게 활용되기 때문에 사업자라면 필수적으로 작성에 대한 이해가 필요하다. 사업계획서 작성 내용에는 정답이 없지만, 기초적인 구조를 기반으로 논리적 작성이 요구된다. 그렇다면 어떤 방식의 사업계획서가 있는지 알아보자.

사업계획서 방식

사업계획서는 해당 추진하는 사업의 업종이나 사용처에 따라 여러 가지로 나눠진다.

먼저 정부 창업 지원 사업에서 보편적으로 사용되는 PSST 방식 사업계획서가 있고, 정부R&D과제에서 사용하는 기술사업계획서, 프로젝트 단위의 사업계획서 등 그 종류가 다양하다.

그중 대표적으로 많이 쓰이고 있는 것은 PSST 방식으로, 기술기반 창업에 주로 쓰이고 있다. PSST 방식이란 문제(Problem), 해결 방안(Solution), 성장전략(Scale-up), 팀 구성(Team)으로 구성된 목차로 작성하게 된다.

PSST 사업계획서의 항목과 내용	
문제 Problem	창업기업이 아이템을 개발하는데 기존 정책적이나 산업적·경제적, 사회적으로 문제를 인식하고 해결할 요소가 무엇인지 파악 후 작성
해결 방안 Solution	문제 인식 후 해결할 요소에 대해 사업자의 아이디어로 해결 방안을 도출하고 해결을 위한 자원과 프로세스를 작성
성장전략 Scale up	해당 사업 아이템에 속한 시장규모 현황이나 진입 전략, 그 시장에서 예상되는 매출을 추정하고 소요되는 자금 및 자금 조달 방안에 대해 작성
팀 구성 Team	해당 사업 아이템을 실현할 인적 자원 또는 협력사에 대한 내용을 작성

[표] PSST 방식의 사업계획서 항목과 내용

정부 지원 사업 중 예비창업패키지, 초기 창업 패키지, 청년창업사관학교 등의 지원 사업에 쓰이고 있으며, 타 기관이나 지자체 지원 사업에도 유사하게 사용되고 있다.

두 번째는 문화 콘텐츠 분야의 정부 지원 사업용 사업계획서이다. 대부분의 목차 구성은 기획 의도, 프로젝트 내용, 시장분석, 비즈니스 모델, 추진계획 등으로 되어있다. PSST 방식의 사업계획서와 유사하지만, 목차가 좀 더 세분되어 있는 것이 특징인 사업계획서 양식이다.

문화 콘텐츠 분야의 정부지원 사업용 사업계획서의 목차 구성 및 내용	
프로젝트 내용	콘텐츠(또는 사업 아이템)를 기획하게 된 의도나 배경에 대해 작성
시장 분석	콘텐츠에 대한 주요 내용과 컨셉, 프로젝트에 대한 내용 등을 작성
비즈니스 모델	해당 콘텐츠 분야에 속한 시장규모나 동향과 성장 가능성에 대해 작성
추진계획	월별 콘텐츠 개발 계획과 사업 수행에 따른 계획 작성

[표] 문화 콘텐츠 분야의 정부지원 사업용 사업계획서의 목차 구성 및 내용

위 양식은 한국콘텐츠진흥원이나 경기콘텐츠진흥원 등에서 주로 쓰이는 양식으로 문화 콘텐츠 분야에 맞춰진 양식이다.

세 번째 R&D 지원 사업 사업계획서는 서비스(제품)나 기술 등의 고도화를 위한 작성양식에 맞춰져 있다. 목차로는 기술 또는 연구개발의 필요성, 독창성 및 차별성, 개발 목표 및 내용, 추진전략 및 일정, 사업화 목표, 개발 성과 활용방안, 기대효과 등으로 이뤄져 있다.

프로젝트 내용	연구개발 및 고도화에 대한 기술이나 콘텐츠의 필요성에 대해서 작성
시장 분석	기존 경쟁사나 자사의 제품 및 서비스, 콘텐츠와의 차별성이나 시장에서의 독창적인 요소에 대해 작성
비즈니스 모델	기술을 개발함에 있어 선행연구 및 경쟁사 기술과의 회피 방안, 기술 유출 방지 대책 등에 대한 내용 작성
개발 목표	기존 제품이나 서비스에 적용된 기술의 고도화를 위해 목표와 연구개발 목표와 방법, 달성 계획, 일정에 대해 작성
사업화 목표	연구개발 완료된 기술을 기반으로 사업화 목표와 그에 따른 산정 근거를 작성
사업화 계획	기술 연구개발로 완료된 제품이나 서비스에 대한 제품화와 양산화 계획 그리고 판로 확보에 대한 내용 작성
고용 계획	기술 연구와 고도화에 따른 인적 자원 확보 계획에 대한 내용 작성

[표] R&D 지원 사업 사업계획서의 목차와 내용

대부분 연구개발 지원 사업에 사용되는 목차로 창업성장 과제인 〈디딤돌 R&D 연구과제〉나 〈구매 조건부 연구과제〉 등에서 쓰이고 있다.

이외의 투자유치 또는 입찰제안서용 사업계획서나 인증을 받기 위한 기술사업계획서 등 다양한 방식의 사업계획서가 있다. 앞으로는 다양한 목차 구성의 사업계획서 작성과 친해져야 할 것이다.

사업계획서 작성에 필요한 원칙

사업계획서를 작성하는 것에 있어 꼭 지켜야 할 다섯 가지 원칙을 사례를 통해 알아보자.

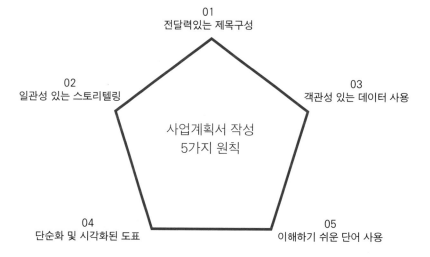

첫 번째 원칙은 제목 한 줄로 사업 아이템에 대한 이해할 수 있도록 구성해야 한다는 것이다. 누구든 이 사업계획서 제목만 보고

도 어떤 기술이나 컨셉으로 사업을 할 것인지 구성해야 한다. 또 세세한 내용이 제목으로 들어가는 것이 좋다.

가령 기술 분야에서는 '~ 기술을 활용한' 또는 '~가 적용된', '~의 기반으로 한' 등 이러한 식으로 앞에는 해당 기술적인 내용과 그다음으로 사업 아이템을 작성하면 된다. AI를 활용한 의료 영상 분석 솔루션 또는 인공지능 기반 의료 영상 정밀 분석 소프트웨어 이러한 식으로 작성하는 것이 좋다. 여기서 좀 더 명확하게 잡는다고 한다면 AI 기술을 적용한 뇌혈관 영상 정밀 분석 솔루션 이러한 식으로 구성하는 것이 좋다. 단순히 제목을 의료 영상 분석 솔루션이나 소프트웨어라고 한다면 일반적인 사업 아이템이라고 판단될 수 있기 때문에 명확한 분야와 어떠한 기술이 적용되었는지를 구성하여 제목을 설정하는 것이 좋다.

[표] 사업아이템을 이해할 수 있는 사업계획서 제목 개선 사례 – R&D 분야

문화 콘텐츠 분야 예로는 보레가루(굴껍질) 소재를 활용하여 친환경 캐릭터 장난감 제작이나 친환경 소재 가공 기술을 적용한 캐릭터 토이 제작 사례가 있다. 캐릭터 기반의 장난감 제조 사업이지만 여기서 친환경 소재인 보레가루를 제목에 덧붙이면 어떠한

사업인지 제목에서부터 쉽게 유추할 수 있다.

Before	After
친환경 캐릭터 장난감	보레가루 소재를 활용하여 친환경 캐릭터 토이 제작

[표] 사업아이템을 이해할 수 있는 사업계획서 제목 개선 사례 - 친환경 분야

또 다른 예로 '2D 일러스트 캐릭터를 활용한 직장인 일상 애니메이션', '3차원 매핑기술과 B-Boy 퍼포먼스를 융합형 공연예술' 등으로 제목을 작성하면 해당 어떤 분야 사업의 프로젝트인지 알아보기가 쉽다.

Before	After
B-boy 3D매핑 공연	3차원 매핑기술과 B-Boy 퍼포먼스를 융합한 공연예술 프로젝트

[표] 사업아이템을 이해할 수 있는 사업계획서 제목 개선 사례 - 문화예술 분야

이러한 제목 구성을 참고하면 여러 장으로 구성된 사업계획서를 전부 읽지 않아도 제목만으로도 쉽게 사업 내용에 대해 차별점을 전달할 수 있어, 정부 지원 사업이나 투자유치를 위한 평가 때 큰 역할을 한다.

두 번째 원칙은 논리적이고 일관성 있는 스토리텔링이 제공되어야 한다. 잘 작성된 사업계획서는 하나의 사업 이야기가 자연스럽게 흘러가듯 작성되어야 한다. 왜 창업하게 되었는지 그리고 제도적·경제적·사회적으로 어떠한 문제점을 인식했고, 해결 방안을 도출하여 사업 아이템을 선정했는지, 관련 시장규모는 어떠하고 동향은 어떠한지, 경쟁사는 누가 있으며, 이들보다 우위에 점할 수 있는 전략은 무엇이 필요한지, 그리고 이 사업을 위해 팀은 어떻게 구성되었는지 등 논리적인 스토리텔링으로 사업계획서에 잘 녹여내는 것이 중요하다.

예를 들어 A라는 사업 아이템이 있다고 가정하고 PSST 방식의 사업계획서 사례는 다음과 같다.

사업 아이템 명: □□□기술을 활용한 / □□□□적용한 서비스(또는 제품)

Problem	최근 기존 어떤 서비스(제품)에 대해 고객의 불편, 불만 사항이 제기되고 있는데, 이를 해결해 주고 있지 못하고 있다. 또한, 이를 위한 제도적으로 보호받지 못하고 있는 것이 현실이다. 그래서 A라는 창업 아이템으로 이를 해결하고자 한다.
Solution	사업 아이템인 A는 □□□기술을 활용한 서비스(제품)로 기존 고객들에게서 불편사항에 대해 □□ 기술을 적용하여 해결한 서비스(제품)이다. 이 A는 ○○기능 1, ○○기능 2, ○○기능 3의 핵심 기능들을 가지고 있으며, 이를 통해 고객에게 편의성을 제공하고 있다. A를 개발하는 기간은 ○개월 소요가 예상되며, 사업 추진 일정은 MVP까지의 일정을 고려하여 온·오프라인 홍보수단 확보와 협력사 확보를 언제까지 할 계획이다. 유사한 서비스(제품)는 □□□□가 있고, 경쟁사 서비스(제품)는 ○○○○가 있으며 이들과의 차별화된 기능 또는 기술은 □□□□가 있다. 또한, 지식 재산권의 확보를 통해 일차적으로 대체재에 따른 방어를 할 계획이다.
Scale up	사업 아이템 A를 개발하기 위해선 소요되는 자금은 ○억 원이고, 개발할 재료비는 ○○○만 원 소요되며, 개발에 필요한 인건비 또는 외주 용역비는 ○○○○만 원이다. 홍보비 및 마케팅비는 ○○○○만 원 소요될 예정이다. 부족한 자금은 관련 기관의 정책 자금이나 투자자 확보를 통해 추가 자금을 확보할 계획이다. 이러한 시장 전체 규모는 ○○조이며, 세부 타깃 시장은 ○○○○억 원이다. 시장 동향으로는 연간 ○○%씩 성장하고 있으며 주 고객층은 ○○세 남자 또는 여자이고, 어떠한 업종의 종사자를 대상으로 판매할 계획이다. 판매하기 위한 마케팅 전략으로는 관련 오프라인 전시회를 통해 홍보하고, 온라인으로는 보도자료를 통해 월 2건씩 배포할 계획이다. 관련 인플루언서인 ○○○○○ 크리에이터를 통해 SNS 채널로도 홍보할 계획이다. 유통채널로는 대형 플랫폼(또는 자체 채널)에 등록하여 판매할 계획이다. 연간 목표 매출액은 ○○○○만 원으로 국내 시장 검증 후 해외 판로 확보할 계획이다.
Team	해당 사업 아이템을 실현할 인적 자원 또는 협력사에 대한 내용을 작성

[표] PSST 방식의 사업계획서 기술 사례

세 번째 원칙은 객관성 있는 데이터를 제시하고, 숫자를 통해 신뢰성을 확보해야 한다. 뉴스 기사나 논문 등 외부 자료를 활용하고, 자체 자료는 관련 논리적 근거를 제시해야 한다. 또, 시장규모나 동향, 성장률 등 통계자료를 활용하면 사업계획서에 대한 설득력이 커진다. 또한 통계자료나 언론 기사를 활용했을 때 꼭 출처를 남겨야 그 데이터에 대한 신빙성을 가질 수 있다.

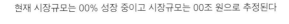

현재 시장규모는 00% 성장 중이고 시장규모는 00조 원으로 추정된다

연간 시장 규모

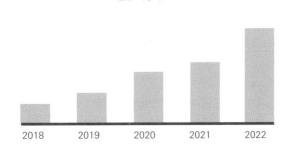

| 2018 | 2019 | 2020 | 2021 | 2022 |

경쟁사는 약 00개 업체가 있다
출처: 0000년 기준 문화 콘텐츠 시장 트랜드 _ 00일보 발췌

네 번째 원칙은 단순화 및 시각화된 도표를 사용해야 한다. 원본 데이터를 도식화나 도표, 통계 차트, 타사 대비 차별화가 명확하게 보일 수 있도록 가공해야 한다. 또, 단순하게 텍스트로 사업계획서를 작성하는 것이 아니라 해당 키워드를 추출하여 이미지로 이해하기 좋게 작성하는 것이다.

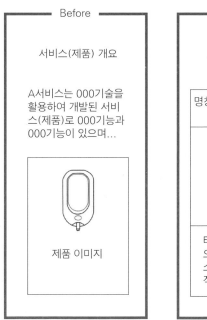

[표] 서비스(제품) 개요에 대한 작성 예시

위 작성예시와 같이 한 줄로 사업할 프로젝트명을 작성하고, 서비스(제품) 이미지나 간략 구조도를 삽입하는 것이 좋다. 또 이를 3줄로 요약한 내용을 작성하면 어떤 사업 아이템인지 한눈에 볼 수 있다.

타사와 서비스나 제품과의 비교할 때는 단순하게 텍스트로 나열하는 것보다 아래 표와 같이 주요 핵심기능의 키워드를 도출하여 비교하는 표로 작성하는 것이 좋다. 장단점을 비교하여 작성하면 사업 아이템의 장점들을 보다 효과적으로 어필할 수 있다.

Before	After
차별성	차별성

Before — 차별성

우리의 A 서비스(제품)
은 ㅁㅁㅁ기술이 적용
되어 ㅇㅇ기능 1과 ㅇ
ㅇ기능 2 그리고 ㅇㅇ
ㅇ3기능으로 타사 G 서
비스(제품) 대비 우수하
며, 타사 경우는 ㅇㅇ기
능 3이 없어 편의 기능
이 부족하여 불편함 존
재……

After — 차별성

구분	타사 G	당사 A
핵심 기능	기능설명	기능설명
기능1	X	O
기능2	△	O
기능3	X	O
장단점	…	…

[표] 서비스(제품)의 장단점 비교표 예시

다음으로 중요한 시장 현황 작성에 대해서 알아보자. 위의 표
처럼 시장 현황은 창업자가 진입할 시장규모나 동향에 대해 작성
을 해야 하는데 명확한 통계자료를 가공하여 작성해야 한다. 또한
TAM(전체 시장), SAM(유효 시장), SOM(수익 시장)으로 구분해서
보여주는 것이 좋다. 이때 유효한 시장과 수익 시장을 이미지와 숫
자로 표현을 하면, 진입할 시장의 크기를 알아보기 쉽다.

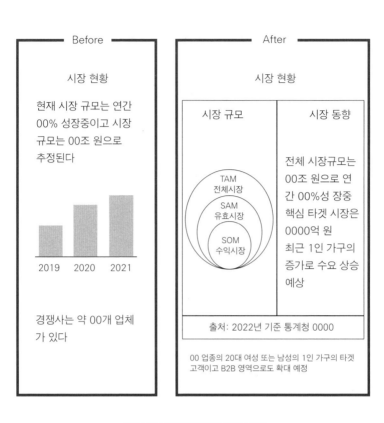

[표] 서비스(제품)의 장단점 비교표 예시

　다섯 번째 원칙은 모두가 쉽게 이해할 수 있는 단어로 작성해야 한다는 것이다. 사업계획서를 읽는 대상은 불특정 다수이므로 보편화되고 어렵지 않은 쉬운 단어로 사업계획서를 작성해야 한다. 또한 기본적인 원리 작성 시 어려운 공식이나 전문용어를 쓰는 것보다 간략하게 설명할 수 있도록 그림과 함께 이해가 쉽도록 작성하는 것이 좋다.

　　　　　　　　　　　　　　　　　　INSIGHT START-UP

지금까지 말한 다섯 가지 원칙을 반영한 사업계획서로 정부 지원 사업에 제출하여 공식적인 평가를 받아보자. 그럼 우리가 구상한 사업 아이템이나 사업계획서가 적절하게 작성되었는지 검증받아볼 수 있고, 추가로 자금까지 확보할 수 있으니 일석이조가 아니겠는가?

추가적으로 사업계획서는 한번 작성하고 끝나는 것이 아니라 사업을 추진함에 있어 대내외적 환경으로 인해 바뀔 수 있기 때문에 지속적으로 보완해 나가야 한다.

서비스로 고객을 넓혀라

예술, 고객 서비스가 되다

문화예술의 변화는 디지털 환경으로 확실한 전환점을 맞았다. 디지털기술은 창작물과 예술의 무게감을 줄이고 물리적 거리, 시간, 공간 제약 없이 누구나 자유롭고 다양한 방식으로 창작물을 소비할 수 있게 만들었다.

미술관들은 높은 전시비용과 미술품 보호, 공간 규모에 따라 소장품의 10%만 갤러리를 오픈하여 관람 서비스를 한다. 하지만 구글 〈아트 앤 컬처〉의 경우 시공간의 제약을 넘어서 시각예술 작품들을 고화질·고성능으로 스캔하고 데이터화했다. 현재 전 세계 80개국 2,000곳 이상의 문화 관련 기관에서 소장하고 있는 작품과 미술의 관람 패턴까지 분석해 이야기와 지식을 전달하고 있다.

2018년 제주에 개관한 〈빛의 벙커〉 전시관은 미디어 기술을 활용해 새로운 융합예술의 경험을 제공하고 있으며, 프랑스의 몰입형 미디어아트 기술을 도입하였다. 이러한 기술적 진보를 바탕으로 관람객들은 넓은 시야로 콘텐츠를 시청할 수 있다.

[좌] 아트앤컬처
[하] 빛의 벙커

유통 플랫폼에도 변화가 있다. OTT(Over-the-top) 플랫폼은 전 연령대의 소비층을 폭넓게 확보하고 있다. 원하는 시간에 영화, 만화, 책, 음악, 전시를 감상할 수 있도록 보편화된 영상 콘텐츠를 제공한다.

문학 장르에선 웹에서 보는 가독성 문제들을 해결하고자 디바이스 최적화 기술을 개선해왔고, 최근 오디오북 등으로 고객의 선택권을 넓혀 주고 있다. 윌라 오디오북의 경우 유료 가입자가 폭발적으로 늘어나며 구독 경제 비즈니스에 유의미한 실적을 남겼다.

공연 예술분야도 4차 산업 기술을 활용한 기획 시도가 이뤄지고 있다. 무대는 다양한 센서들로 새로운 반응과 감각을 투사하고, 실감형 공연 미디어 영상을 사용해 입체감 있게 만들어주기도 한다. 피아노 연주 무대에서 로봇을 통해 기계 연주와 관객이 함께 하는 융합형 연주 무대도 생겨났다. 실제 피아니스트의 연주를 분석하고 반복적 연주를 학습하는 머신러닝 알고리즘을 활용하여 세

심한 표현의 기계 연주와 융합된 공연 무대를 기획한다.

4차 산업 기술을 활용한 공연 예술분야 사례 (좌-성남아트센터, 우-한국문화예술위원회)

무용수의 뇌파를 측정해 시각적 디지털 흐름을 보여주면서 다차원적 공연을 감상할 수 있는 공연기술도 있다. 기술이 더해져 몸짓의 시각적 체험을 확장하는 것이다.

애플의 경우 라이다(LiDAR) 센서를 활용한 동영상 제작 앱인 클립스(Clips)를 통해 직접 촬영한 동영상에 증강현실(AR) 효과를 적용할 수 있도록 했다. 한정된 무대공간을 넘어 새로운 시도를 하면서 풍부한 표현방식과 다양한 연령대의 관객을 확보한다. VR,

AR 기술은 공간을 입체적으로 사용할 수 있게 하고 소비가치를 높여주는 기회가 되고 있다. 서비스 변화는 고객이 예술작품이나 창작 콘텐츠를 편리하게 소비할 수 있게 한다.

큐레이션/매칭		커머스/플랫폼		구독 렌탈 공유		
ΛRT MΛP	아이겟	idus	BOOKK	OPEN GALLERY	PINZLE	wantreez music
LBS 데이터기반 서비스	공연 큐레이션 서비스	헨드메이드 공예 플랫폼서비스	자가출판 플랫폼 서비스	그림 렌탈 서비스	정기구독 서비스	오프라인 매장 뮤직 서비스
아트테크			융복합/가상			지식
musicOw	OpenSea	TESSA	FORTNITE	ME UM	아르떼뮤지엄	윌라
저작권 거래 서비스	NFT 거래 서시브	작품 분할소 유 서비스	가상플랫폼 디지털공연	미술분야 메타버스 플랫폼	융복합공간 디지털 아트	오디오북 서비스

서비스특징	유사서비스 예시
주변의 전시·공연·책 소식을 관심사에 맞게 알려주거나 큐레이션 된 정보와 콘텐츠를 제공	〈아트맵〉, 〈아이겟〉, 〈윌라〉
단순히 심미적 마케팅 정도로 이용하는 게 아니라 발견의 경험을 줄 수 있는 작가의 작품들을 구독 및 정기배송	〈핀즐〉, 〈오픈갤러리〉, 〈원티즈뮤직〉
취향을 저격하는 작가의 작품이나 맞춤형 굿즈 제품을 구매 또는 출판 경험 제공	〈아이디어스〉, 〈부크크〉
소장하고 싶은 유명 아트 작품이나 좋아하는 뮤직 아티스트의 음원을 소유할 수 있고, 디지털 원본을 구매해 자산을 형성하는 거래 경험	〈테사〉〈뮤직카우〉, 〈오픈씨〉
가상세계인 메타버스(Metaverse) 환경에서 공연을 즐기거나 공간과 작품이 만나는 독특한 융복합예술의 경험을 제공	〈포트나이트〉, 〈뮴〉, 〈아르때뮤지엄〉

[표] 창작콘텐츠 기반 서비스 업체와 특징

[이미지] 가상 미술품 경매소(비플/크리스티)와 가상 게임 공연장(트래비스 스콧/포트나이트)

　세계 최대 미술 경매 회사인 소더비(Sotheby's)는 메타버스 플랫폼인 디센트럴랜드(Decentraland)[3] 내에 가상 미술품 경매소와 전시관을 열기도 했다. 가상공간에서 아바타(Avatar)들이 현실과 똑같이 미술품 경매에 참여할 수 있게 구현했다.

　공연계에서는 이미 대중성 있는 뮤직 아티스트를 중심으로 시도를 해왔으며, 2020년 4월 트래비스 스콧(Travis Scott)은 포트나이트(Fortnite) 게임 내에서 가상 콘서트를 시도했다. 45분 공연에 1,200만 명 이상이 접속하여 2,000만 달러(한화 약 220억 원)의 수익을 올렸다. 특히 블록체인 기반의 NFT 유통방식은 디지털 아티스트 비플(Beeple)의 작품을 세계 최대 경매소 중 하나인 크리스티(Christie-s)를 통해 약 785억 원에 낙찰시키면서 미술사에 있어 역대 3번째 고가의 작품 판매로 기록되었다.

　이 밖에도 웹툰·웹소설을 원작으로 하는 드라마나 영화들이 인기를 얻고 있다. 하나의 IP가 확장되는 OSMU(One Source

---

3　이더리움 블록체인 위에 구현된 가상현실 플랫폼. 현실과 같이 부동산 부지 판매 및 게임 등을 출시하고 있고 마나(MANA)라는 가상 화폐도 발행하고 있다.

Multi Use) 비즈니스의 주요 사례이다. 한국콘텐츠진흥원이 발표한 '2020년 웹툰 사업체·작가 실태조사'에서 전년대비 매출이 증가한 추세는 콘텐츠 IP 사업 확장의 가능성을 보여주고 있다.

[이미지] 하나의 IP가 확장되는 OSMU 비즈니스의 사례
웹툰 '경이로운 소문'*(좌), OCN '경이로운 소문'*(우)

*출처: 다음 웹툰, OCN

INSIGHT START-UP

멘토링을 활용하자

    창업을 시작하는 이들에게 멘토링(Mentoring)은 중요하다. 중소벤처기업부와 창업진흥원에서 발표한 〈2019년 창업교육 멘토링 실태조사〉에 따르면 예비 또는 초기 창업자에게 '기업가 정신'에 대한 창업교육을 실시한 결과 창의적 사고와 창업 적극성이 높아진 것으로 나타났다.

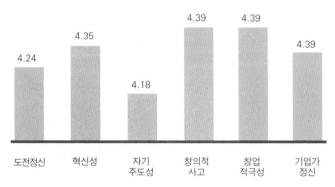

[도표] 기업가 정신 학습 성과

(출처: 중소벤처기업부, 창업진흥원 2019 창업교육 멘토링 실태조사)

멘토링은 전문지식을 갖춘 멘토(투자자, 컨설턴트 등)를 통해 창업에서 필요한 분야별(회계, 법률, 특허 등) 상담, 개발·코칭·컨설팅 형태로 진행된다. 멘토링이 효과적으로 이루어지려면 멘티(mentee: 여기서는 창업자)의 필요성과 멘토(mentor: 전문가)의 역량이 연관되어야 한다. 필요성을 느끼지 못하는 멘토링은 기대효과가 낮아질 수밖에 없다.

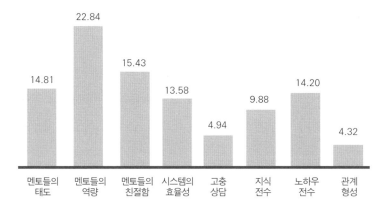

멘토링은 공통의 주제와 커리큘럼으로 구성된 아카데미식 창업교육과는 다르다. 창업자가 직면하는 문제점을 정확히 인지하고, 구체적인 방법을 멘토와 멘티 간에 소통을 통해 도출한다. 그만큼 멘티는 필요한 분야를 멘토의 역량과 매칭하여 얻고자 하는 결과를 만들어내는 것이 중요하다. 멘토링은 어려운 것은 아니다. 멘토-멘티 간에 사회적 유대감을 가지고 효과를 높일 수 있도록 다음 사항들을 참조하여 준비하면 쉽게 진행될 수 있다.

보다 체계적인 멘토링 효과를 얻고 싶다면:

1. 자신의 사업을 설명할 수 있는 한 줄의 소개 글을 준비한다

: 한 줄의 소개 글 만으로도 전문 멘토라면 사업 아이템이 무엇인지, 비슷한 사례는 어떤 것들이 있는지 파악이 가능하기 때문이다.

2. 멘토링 전에 멘토와 연락하는 것을 추천한다

: 고민되는 부분에 대해 멘토와 사전에 얘기를 나눈다면 멘토로부터 적극적인 문제 해결 의지를 만들어 내기도 하고, 서로 공유한 정보로 더 많은 정보를 멘토가 준비할 수 있게 해주기 때문이다.

3. 고민은 가능한 세부적 문제로 접근한다

: 고민하고 있는 내용의 범위가 너무 넓으면 멘토의 솔루션이 복잡해진다. 대부분 고민의 출발이 추상적일 때 멘토링 만족도가 낮기 때문이다.

정부의 여러 기관을 통해 창업 시기에 맞는 단계적 또는 맞춤형 멘토링을 받을 수 있다. 창업 초기에는 효과적인 멘토링을 위한 몇 가지 준비가 필요하다.

첫 번째, 창업 아이템이 준비되지 않은 경우라면 멘토링을 하기 전에 아이디어를 생각해 두는 것이 좋다. 가장 많이 쓰이는 방식은 브레인스토밍(Brain Storming)이다. 브레인스토밍은 질 보다 양에 초점이 맞춰져 있어서 관심 주제를 마인드맵을 그리듯 기록하고 분류하면서 아이디어를 도출하는 방식이다. 또는 디자인 씽킹(Design Thinking) 5단계 중 인간 중심의 공감(Empathize), 문제 정의(Define)를 거쳐 아이디어를 도출(Ideate)하는 방식이다.

단계	활동	산출물
공감	인터뷰, 관찰, 경험, 사진촬영 등	페르소나, 공감지도, 컨텍스트 맵(관계지도), 발견한 목록들
정의	정리, 논의	이해관계자 지도, 고객 여정지도, 디자인 의뢰서(니즈 정리)
아이디어 도출	브레인스토밍, 브레인라이팅, 스캠퍼, 트리즈	아이디어, 스케치, 친화도(아이디어 분류) 우선순위 지도, 아이디어 평가표

[표] 디자인 씽킹

기업에서 어떤 가치를 제공할지 생각해 두는 것도 필요하다. 창작자 속성상 예술성과 영리성 사이에서 어떤 창업기업을 만들지 고민 없이 시작하는 경우가 종종 있다. 창작 콘텐츠 기반으로 창업을 준비하는 과정이라면 자신이 추구하는 목표가 어떤 가치를 갖고 있는지 정도는 정리해 둘 필요가 있다.

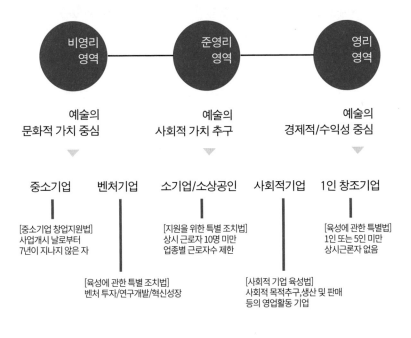

[표] 목적에 따른 기업유형 가치검토 및 창업기업의 종류

시행착오를 줄이려면 창업하고자 하는 기업의 예술적 가치, 사회적 가치, 경제적 수익 관련해서 방향성을 결정해야 한다.

두 번째, 멘토링 전 나에게 필요한 부분과 단계를 명확하게 파악한다. 자가 진단을 통해 멘토링을 신청하기 전 본인의 사업분야, 개발지점, 그리고 현재 창업단계를 정확하게 알아야 멘토링 효과가 높아질 수 있다.

구분	관련설명
멘티 개발 영역	멘티가 해결하고자 하는 구체적인 개발 영역 설정
멘토 전문 영역	학교/직업/경력/연령/기술 등 멘토 전문 영역 설정
멘토링 기간	멘토링 기간 설정을 통해 목표 달성 성취도 확대
멘토링 결과	멘토-멘티 간에 결과를 확인하고 해결 방안 조정

[표] 멘토링 매칭 솔루션 제시안

이런 매칭 솔루션은 본인이 매칭 받고자 할 때 보다 구체적으로 설정할 필요가 있다. 이를 통해 멘티와 멘토 간 소통과 협업의 시너지를 높여주는 맞춤형 매칭이 가능하다.

세 번째, 예술-창업-기술 분야 순으로 반복적 멘토링을 진행하는 것을 권유한다. 예술 및 콘텐츠 선배창 업자 및 관련 생태계 종사자를 멘토로 설정하고 시장에 대한 이해와 탐색을 할 필요가 있다. 그리고 창업 전문 멘토와 관련 사업 분야 현황과 BM에 대한 이해, 아이템 도출을 위한 프로세스를 논의한다. 마지막으로 기술 멘토를 통해 문화기술에 대한 이해도를 높이고, 현실 가능성과 개발 난이도 등 실제 사업화 단계 전 개발 진단을 하면 현실 가능성이 높은 아이템을 도출하는 데 도움이 된다.

문화예술 및 문화콘텐츠 분야 사업현황 및 정책 이해
다양한 창작콘텐츠 기반 BM전략 및 피봇팅 멘토링
핵심 아이템 도출을 위한 경영 프로세스 지원

다양한 장르 기반, 유형 기반 창작활동 현황 이해
개발된 BM의 상품, 데이터, 서비스 개선 요소 등 멘토링
관련 시장 네크워크 지원

프로그램 개발 및 제작 기술 등 기술 구조 및 트렌드 이해
구현하고자 하는 콘텐츠 및 서비스의 개발 가능성 멘토링
각 분야 엔지니어, 디자이너 등 네트워킹 지원

[표] 문화예술 · 콘텐츠 멘토링(Mentoring) 제시안

　실태조사에 따르면 멘토링은 평균 5회 이상이 적절하다고 한다. 기업의 필요에 따라 분야별로 반복적인 멘토링을 받을 것을 추천한다. 그 이유는 창업 아이디어가 구체화 될때까지 지속적인 멘토링을 받아 시너지를 높일 수 있기 때문이다. 예술 지향성이 높은 창작자나 다양한 창작 콘텐츠 기반 사업을 계획하는 경우 창업 아이템 선정 단계부터 멘토링을 받을 것을 제안한다.

성공이란 열정을 잃지 않고
실패를 거듭할 수 있는 능력이다.
_ 윈스턴 처칠*

* Success is the ability to go from one failure to another with no loss of enthusiasm. _ Sir Winston Churchill

INSIGHT START-UP

PART. III

정부 지원 기관 및 사업

창작자, 메이커, 예술가 대상

정부 지원 사업의 대상자는 지원 범위와 성격에 따라 크게 개인사업자와 법인사업자 또는 협회 · 단체와 같이 사업자 등록이 있는 기업이 대부분이다. 이러한 사업자를 대상으로 하는 지원에 비해 규모와 성격은 다르지만, 사업자등록을 하지 않은 창작자와 메이커, 예술가를 대상으로 하는 정부 지원 사업도 있다.

예술 분야에 있어서는 한국예술인복지재단, 콘텐츠 분야에 있어서는 한국콘텐츠진흥원 및 각 지역 콘텐츠코리아랩이 지원하는 사업이 대표적이다. 이러한 기관들의 지원 사업비는 작품을 제작하는 데 사용하거나 필요한 장비를 임차 또는 타분야 전문용역에 활용할 수 있기 때문에 창작활동을 하는 데 있어 적지 않은 도움이 된다.

1. 한국예술인복지재단

한국예술인복지재단은 2011년 경제적 사정으로 사망한 시나리오 작가 故최고은 씨의 사건을 계기로 2012년에 설립되었다. 2013년에는 예술가들에게 300만 원을 지원해주는 창작 준비금 사업을 시작으로 2014년에는 예술가와 기업의 협업 활동을 토대로 월별 활동 지원금을 지급하는 예술인 파견 지원 사업을 비롯해 예술인들의 사회 복지에 도움이 되는 다수의 사업을 추진하고 있다. 재단 설립 이후 예술 활동 증명을 완료한 예술가는 매년 1만 명씩 증가하였으나 2020년에는 한 해에만 3만 명이 증가하여 2021년 2월 기준 예술 활동 증명을 완료한 예술가는 10만 명을 넘어섰다. 재단의 예산 증가 대비 사업 참여를 희망하는 예술가들의 수가 상대적으로 더 많아졌기에 사업의 참여 경쟁률이 높아졌고, 재단에서도 더 많은 예술가들에게 기회를 주기 위해 중복 수혜를 방지하고자 재단의 사업에 참여한 예술가들은 다음 연도 사업에 제한을 두고 있다. 복지 재단에 등록이 가능한 활동 분야는 문학, 미술, 사진, 건축, 음악, 국악, 무용, 연극, 영화, 엔터테인먼트, 만화 등으로 상당히 넓은 편이다.

예술인 활동 증명을 위해서는 최근 3년간의 정량적인 예술 활동을 증빙해야 하며, 등록 이후 일정 시점에서는 재등록이 필요하다. 상세한 내용은 해당 기관의 홈페이지에서 확인할 수 있는데 크게 예술 작업 경력과 예술 협업 및 기타 사회적 활동 이력이 포함된다. 교육 지원과 융자 사업을 비롯해 자녀 돌봄 지원 등 예술인 사회 복지에 대한 다수의 사업이 있다.

정부 지원 기관(사업) 활용 사례

창작 캐릭터를 기반으로 하는 일러스트레이션, 아트토이 제작 등의 콘텐츠 작업을 하며 1인 창작 스튜디오를 운영하고 있는 A씨는 2015년 3월 미술-디자인 공예 분야로 예술 활동증명 및 등록을 완료했다. 8월에는 '마음치유캠프'에 선정되어 예술가로서 겪는 심리적 문제에 대해 치유하는 프로그램을 지원받았고, 2016년 3월에는 '창작 준비금 지원'에 선정되어 300만 원의 재료비를 지원받아 작업에 필요한 재료를 구입할 수 있었다.

2018년 2월에는 예술인 파견 지원 사업의 퍼실리테이터 (Facilitator, 2021년 기준 리더 예술가로 명칭 변경)로 선정되어 약 840만 원의 활동 지원금을 받으며 작품 제작 및 환경 관련 기업과 예술가들의 협업과 전시사업을 추진하였다.

2019년 4월 '예술로' 사업에는 참여 예술인으로 활동하여 720여만 원의 활동 지원금 및 환경을 소재로 한 작품을 제작했다. 2020년 4월에는 '예술로' 협업사업에 선정되어 6명의 참여 예술가들과 함께 작품의 영역을 확장시키며 성과전시회를 운영했다.

(1) 창작 준비금 지원 사업

2021년 기준으로 창작 준비금 지원 사업은 모든 예술가를 대상으로 하는 '창작 디딤돌' 사업과 신진 예술인을 대상으로 하는 '창작 씨앗' 사업으로 나뉜다. '창작 디딤돌'은 격년으로 중복 선정이 가능하나 같은 해 타 사업과 중복 선정은 불가하다. 사업에 선정된 12,000명에게 각각 300만 원을 지원하는데 중위소득 120% 초과하는 소득이 있는 예술가는 지원이 제한된다.

'창작 씨앗'은 예술 경력 2년 이하의 신진 예술인들이 예술계에 안착하고 활발하게 예술 활동을 펼칠 수 있도록 새롭게 신설된 사업으로서 신진예술인에게 생애 단 1회만 지원되며 3,000명에게 200만 원씩 지원한다.

(2) 예술인 협업사업('예술로' 사업)

예술인 활동증명이 된 예술가들은 참여 예술인 또는 리더 예술인의 역할로 예술인 협업 사업에 신청할 수 있다. A 씨와 같이 첫해에 바로 리더 예술가(퍼실리테이터)로 선정되는 사례도 있지만, 단계적으로 참여 예술인으로 사업에 참가해 사업에 대한 경험을 한 후 리더 예술인의 지원을 고려하는 것이 좋다.

참여 예술가로서의 신청 방식은 다시 2개로 나뉘는데, 협업할 기업과 사전에 매칭하여 기획한 사업에 대해 지원서를 내는 '기획 사업'과 참여 예술가로 먼저 선정이 된 후 기업 및 리더 예술가와 매칭하는 '협업 사업'이 있다.

한국 예술인 복지재단 사업의 경우 선정 이후 최종 평가에 대한 내용과 매년 우수 사업 사례집이 홈페이지에 업로드된다. 타 기관 사업에 비해 평가가 상세하게 안내되어 있기에 지원을 할 때는 최근 3년간의 평가 내용과 우수사례에 대해 충분히 숙지한다면 평가자가 원하는 방향을 이해하는 데 도움이 된다.

2. 한국콘텐츠진흥원 및 지역별 콘텐츠코리아랩

사업자등록증 보유 여부와 상관없이 창작자를 대상으로 하는 지원 사업도 꽤 있다. 한국콘텐츠진흥원과 지역별 콘텐츠코리아랩(경기, 인천, 충북, 충남, 전남, 광주, 전북, 경남, 부산, 대구, 울산, 제주)에서는 콘텐츠의 속성이 있는 창작물을 제작하는 사업에 지원이 가능하다.

구분	지원대상	지원규모	주요내용
아이디어융합팩토리	개인창작자/팀	80팀 내외	사업화 및 맞춤형 프로그램 지원
창업육성프로그램	예비창업자 및 창업 만 3년 이하의 초기 스타트업	예비 창업자 20팀 내외 스타트업 30개사 내외	사업화자금 및 맞춤형 프로그램 지원
창업도약프로그램	창업 만 3년 ~ 7년 이하 중기 스타트업	20개사 내외	사업화자금 및 맞춤형 프로그램 지원
창업재도전프로그램	재창업 스타트업	10개사 내외	사업화자금 및 액셀러레이팅 프로그램 지원
글로벌진출지원	창업 7년 이내 스타트업	스타트업 70개사 내외	국내외 액셀러레이팅 및 해외 마켓 참가 지원
민간액셀러레이터 양성 및 동반성장 지원	액셀러레이터 및 스타트업	액셀러레이터 3개사 내외 스타트업 16개사 내외	사업화자금 및 액셀러레이팅 프로그램 지원 등
CKL입주기업 공간지원	창업 7년 이내 스타트업	미정	사무공간 입주 지원

[표] 한국콘텐츠진흥원의 창작 지원 사업 리스트

위 표의 한국콘텐츠진흥원의 창업 지원사업 목록에 따르면 예비 창작자가 지원할 수 있는 사업은 '아이디어융합팩토리', '창업육성프로그램'으로 사업화와 맞춤형 프로그램을 지원해주고 있다.

콘텐츠코리아랩은 사업에 따라 참여자의 지역이 제한이 없는 경우도 있지만 지역 창작자를 위한 사업이 많은 편이다. 자금을 지원해 주는 것뿐만 아니라 창작에 필요한 시설과 장비에 대한 교육 및 사용, 콘텐츠에 대한 전반적인 교육과 강연 등 다수의 사업이 있기에 거주하고 있는 지역의 콘텐츠코리아랩을 적극 활용하자.

3. 경기콘텐츠진흥원

콘텐츠산업 중 남부의 게임, VR/AR, 지식정보 산업과 북부의 출판, 디자인, 방송·영상산업 등을 중심으로 전국 매출의 21.9%를 경기도가 차지하고 있다. 경기콘텐츠진흥원은 지난 20년간 경기도가 대한민국 콘텐츠의 중심에 설 수 있게 콘텐츠산업을 지원하고 스타트업을 육성하며 기반을 닦아왔다. 지금까지의 경험을 가지고 창작자-사업화-초기 창업-스타트업에 이르는 테크트리를 다음과 같이 제시하고 있다.

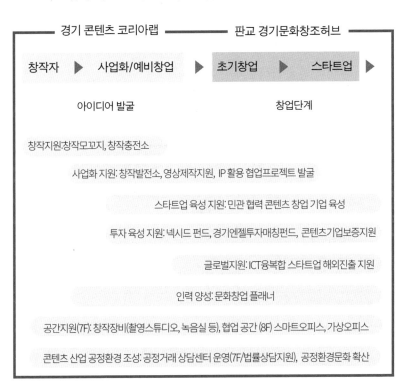

[표] 경기콘텐츠진흥원 스타트업 육성 테크트리

창작자 사업계획서 작성 시 주의할 점

　모든 지원 사업은 평가 기준을 최우선적으로 확인하며 예상 경쟁자를 고려해 상대평가에서 선정되기 위한 사업계획서에 작성하기 위한 접근 방법에 대한 고민에서 시작된다. 창업 지원 사업에 지원할 때 가장 중요한 부분이 사업계획서 작성이다. 사업계획서를 잘 쓰기 위해서는 최우선적으로 심사항목과 배점 등을 확인하여 전략적인 접근이 필요하다. 심사위원들은 사업계획서를 통해 창작자가 사업에 접근하는 방식을 살펴보기 때문이다.

　실제로 쓰였던 지원 사업의 심사항목을 보면서 사업계획서 작성 시 주의할 점을 알아보자.

평가항목	주요내용	배점
사업 이해도	지원목적의 적합성(필요성), 추진계획 등	20점
기획력 및 차별성	프로젝트 기획 우수성, 독창성, 차별성 등	30점
완성 가능성	프로젝트 개발 역량 및 기간 내 완료 가능성 등	20점
사업화 가능성	사업화 계획, 시장성 등	30점
합계		100점

[표] 정부 지원 사업의 심사항목 사례

첫째, 실질적인 추진계획을 세워보자.

일반적인 지원 사업의 경우 제한된 시간 내에 결과물을 낼 수 있도록 사업 마감기한이 있다. 지원금을 지급해 주는 기관 입장에서 가장 최악의 경우는 시간 내 사업을 완료하지 못하는 것이다. 성공적인 사업 완료가 이루어지기 위해서는 초기 단계에서부터 합리적이고 실현 가능한 형태로 설계해야 해야 하고, 이를 반영한 실질적인 추진계획이 제시되어야 한다. 특히 실물을 제작하는 사업의 경우, 목표의 명확성에도 배점이 높기 때문에 계획서 단계에서부터 평가자들로 하여금 예상 결과물에 대한 구체적인 상상이 가능하게 해야 한다.

둘째, 구체적인 사업비 예산을 세워야 한다.

기간별 사업비 사용계획을 세움에 있어, 합리적이고 실제 견적을 기반으로 한 예산 작성이 필요하다. 막연히 재료비 200만 원으로 표기하는 것 대신, 비교 견적서를 통해 더 저렴한 업체를 찾았으며, 얼마짜리를 몇 개 살 것인가 등 최대한 구체적으로 작성해야 심사위원으로 하여금 사업이 기간 내에 완성될 수 있다는 믿음을 주게 된다.

셋째, 이러한 예산 대비 결과물은 자신의 역량과 사용된 시간에 합당해야 한다. 계획에 따라 진행한 결과 역시 계획대로 결과물이 합리적으로 나왔다면 그것은 사업화가 가능하다고 볼 수 있어 제품 양산에 대한 기대감을 불러일으킨다.

넷째, 차별성 포인트를 잡을 때 기존 시장에서의 제품이나 서비스와 내 제품과 서비스가 명확한 경쟁우위를 가지고 있음을 잘 피력해야 한다.

시장의 현황과 수요와 공급을 파악하고 있어야만 예상 경쟁자가 어떤 아이템을 가지고 나올 것인가에 대해 구체적으로 생각할 수 있다. 환경 문제를 이슈로 친환경 소재를 활용한 비누, 에코백 등의 제품을 만들 리사이클링(Recycling) 또는 업사이클링(Upcycling) 창작자, 코로나19(COVID-19) 이슈와 관련된 아이템을 만들 사람, 목공 또는 도예 공방에서 예술작품을 결합한 실용적 아이템 개발, 패션과 결합된 가죽 공방, 보드게임 개발 등 이러한 경쟁자가 융복합 할 수 있는 아이템은 무엇일지, 자신은 어떤 차별성을 보유할 것이라는 설계가 필요하다.

다섯째, 지역 지원 사업의 경우 지역 자원이나 지역 기업 등 지역 내 물적 · 인적 자원을 활용하는 방향으로 고민하여 작성하는 것이 좋겠다. 외주용역의 비율보다는 지역 내에서 실물 재료를 구입하는 쪽의 비중을 높이는 것이 유리하다고 볼 수 있다.

경험으로 말하는 입상 전략

1. 꼴등도 합격이다

대학 동기도 사실은 1등부터 꼴등까지 있지만 모두 같은 학번이다. 모든 항목에서 만점을 받아 총점 100점이 되기는 어렵다. 부족한 항목에서는 최하가 아닌 최소점을 받을 수 있도록 하고 가점을 받을 수 있는 항목에서는 더욱 고득점이 될 수 있도록 계획서를 작성하자. 꼴등으로라도 선정되기만 하면 된다.

2. 은상을 노려라

미술 실기대회에서 대상은 시간이 지나도 누가 봐도 대상이다. 최우수상과 금상은 대상에 비교할 때 질적 수준은 유사하나 컨셉과 표현하고자 하는 부분에서 살짝 아쉽거나 평가자의 취향에 의해 차이가 생기는 경우이다. 동상은 확실히 입선보다는 뛰어나지만 금상보다는 질적 수준에서 떨어지는 경우가 많다. 그렇다면 은상은 어떨까? 은상은 때론 동상보다 실적 수준이 낮은 경우도 있다. '표현력이나 역량이 뛰어나지는 않지만 독창적인 아이디어를 실현하고자 굉장히 열심히 해 왔기에 미래에 발전 가능성이 있을 것 같을 경우'에 포함되는 것을 종종 봤기에 상대평가 대상자가 굉장히 뛰어난 지원 사업에서는 은상 전략으로 사업계획서를 작성하기도 한다.

정부의 공공·문화 데이터를 활용한 창업 아이템

코로나19(COVID-19)로 역사유적지를 직접 방문할 수 없는 초·중등학생을 위해서 VR 기술로 역사여행을 해볼 순 없을까? 이런 플랫폼을 만들기 위해서는 '역사교육 콘텐츠' 및 'VR 기술' 그리고 '역사유적지 정보'가 필요할 것이다. 이때 전국의 역사유적지 정보는 어떻게 제공할 수 있을까? 직접 다니면서 정보를 채집해야 할 경우, 초기 창업기업의 입장에서는 막대한 채집 비용과 역사유적에 걸린 저작권 확보에 막막함을 느낄 것이다. 초등학생을 위한 역사여행 플랫폼 '놀토 VR'을 운영하는 문화상상연구소의 사례를 주목할 필요가 있다. 한국관광공사와 전국 국립박물관의 정보가 담긴 문화 데이터를 제공받아 데이터 구매 비용이나 채집 비용, 저작권의 문제를 한 번에 해결했기 때문이다.

한국의 공공기관은 많은 데이터를 보유하고 있으며 이를 활용할 수 있도록 널리 개방하고 있다. 이를 공공데이터라 한다. 공공데이터는 공공기관이 만들어내는 모든 자료나 정보를 말하며, 개방할 수 있는 정보를 공공데이터 포털(http://www.data.go.kr) 내에 제공하여 모든 국민에게 공개하고 있다.

기상청의 날씨정보, 한국도로공사의 교통정보, 교육부의 급식정보, 건강보험심사평가원의 병원정보, 국토교통부의 아파트 실거래가 정보 등의 공공데이터를 통해 생활밀착형 사업, 비대면 사업, 인공지능 융합사업 등 창업 및 성장의 기회를 제공하고 있다.

[표] 공공데이터를 활용한 앱 및 웹사이트 구축 사례

공공데이터 포털

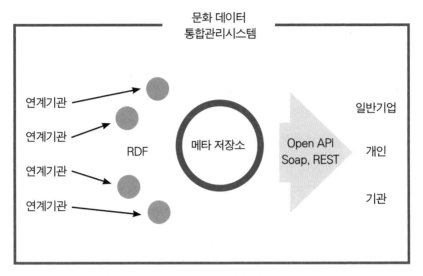

[표] 문화 데이터 통합관리시스템 구조도

　　문화예술 아이템으로 창업하고자 한다면, 문화공공데이터광장(https://www.culture.go.kr/data/)을 통해 문화체육관광부 산하 기관의 문화공공데이터를 활용해 볼 수 있다.

　　문화 공공데이터(이하 문화 데이터)는 공공데이터 중 문화 · 체육 · 관광 관련 데이터를 통칭하는 것으로 문화관련 각 기관 홈페이지 및 문화포털, 문화데이터광장, 문화빅데이터 플랫폼에서 서비스되고 있는 모든 데이터이다.

　　문화 데이터는 각 기관별 문화데이터 및 웹사이트 정보를 활용하여 창의적인 제품 및 서비스아이디어를 제안하거나, 매년 개최되는 문화 데이터 활용경진대회를 통해 활용할 수 있다.

[이미지] 문화 공공데이터광장 내 맞춤형 API 사례 (출처: 문화공공데이터광장)

[표] 문화데이터의 활용을 통한 가치

문화체육관광부는 산하기관이 많은 데다 문화와 체육, 관광까지 다루는 부처이다 보니 다양한 분야의 폭넓은 문화 데이터가 존재하여 창업아이템화하기에 좋은 공공데이터로 볼 수 있다.

K-컬처에 대한 전 세계인의 관심이 뜨거운 요즈음 해외 제공 비즈니스로의 가능성 또한 매우 높을 것으로 생각된다. 특히 문화 데이터 분야는 매년 경진대회를 열고 국민심사 이벤트 및 시상식, 언론 홍보 등을 통해 수상기업들의 활용 사례 및 홍보를 제공하고 있어 수상기업들에게는 1석 2조의 효과를 거두고 있다.

문화분야

서비스명: 지금풍류
활용 데이터: 국립국악원 국악 자료 정보, 국악기 디지털 음원 자료, 공공데이터 포털 평생학습 오픈 API

관광분야

서비스명: 대중교통 여행 일정 추천 서비스 – 행(HANG)
활용 데이터: 관광통계, 관광자원 등

체육 분야

서비스명: 우리 집이 놀이터가 되는 AR 유아 신체놀이 콘텐츠 '리액트'
활용 데이터: 국립국악원, 한국문화예술위원회, 한국문화예술교육진흥원, 예술경영지원센터 등의 문화예술 콘텐츠 활용

[표] 문화데이터 활용경진대회 수상작(2016년 사례)

초기 창업자가 알차게 활용할 수 있는 무료 데이터

1. 전통문양 디자인 및 3D 프린팅 콘텐츠

'문화포털 〉 문화 지식 〉 전통문양 디자인, 3D 프린팅'의 메뉴 경로를 따라 들어가면 10,000여 개에 이르는 전통문양 디자인을 기본 디자인과 확장 디자인으로 나누어 제공하고 있다. 기본 디자인은 원시자료의 디자인 형태가 그대로 유지된 데이터이며, 산업적 활용이 가능한 응용 형태는 확장 디자인으로 제공되고 있다. 이 중 필요한 데이터를 선택한 다음 사용신청을 하면 누구나 고화질 파일을 다운로드해서 사용할 수 있다.

이러한 전통문양을 활용한 기업들은 의외로 많은데 '유 퀴즈 온 더 블럭' 프로그램에도 출연한 바 있는 (주)푸드컬처랩(대표: 김태양)의 김치 시즈닝 제품도 패키지 디자인 개발 시 전통문양 이미지를 활용하여 제작하였고 문화 데이터 활용경진대회에서도 수상한 바 있다.

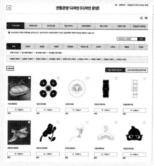

[이미지] 문화포털의 전통문양 디자인(좌)을 활용해 패키지 디자인에 적용한 김치 씨즈닝 제품(우)

2020년 6월에는 한국펩시콜라가 한국의 대표 문화를 선정해 만든 '펩시콜라 대한민국 컬처 에디션' 한정판 패키지에도 전통문양 데이터가 사용되어 기업의 이미지 제작 및 활용 비용을 절감할 뿐만 아니라 전통의 의미를 되살리는 의미도 가졌다.

[이미지] 전통문양을 사용한 '펩시콜라 대한민국 컬처 에디션'

2. 무료 글꼴, 이미지 공공저작물 사이트 '공공누리'

 국가와 지방자치단체, 공공기관이 저작 재산권의 전부 또는 일부를 보유한 저작물은 저작권법 24조의 2(공공 저작물의 자유이용)에 따라 자유롭게 이용할 수 있다. 그 이용할 수 있는 범위와 저작물들을 모아놓은 사이트가 '공공누리'(http://www.kogl.or.kr)이며 추천공공저작물에서 이미지 및 글꼴 등을 무료로 다운받아서 저작권 위배에 대한 걱정 없이 사용할 수 있다.

[이미지] 무료로 이미지 및 글꼴을 다운받아 사용할 수 있는 공공저작물 웹사이트 '공공누리'

문화예술에 사회적 가치 한 스푼 더하기

문화체육관광부에서는 문화예술 분야만이 가지고 있는 고유한 '사회적 가치'를 인식하면서 2020년에 '문화체육관광형' 예비사회적기업 지정 제도를 도입하였다. 이를 통해 문화의 창의성 및 감수성을 바탕으로 사회문제를 해결하고 혁신적 사업모델을 창출할 기업을 찾고 있다.

문화예술은 소통과 공감을 나누는 가장 적합한 매체이며, 사람과 사람을 부드럽게 연결시켜주는 끈이 될 수 있다. 문화예술 분야의 창업을 통해 사회적 가치와 경제적 이익을 동시에 추구하고 싶은 당신을 위해 다음의 사례를 소개한다.

1. 시니어 대상 중장년층 예술교육 전문기관 - '이든 피플'

'나이는 숫자에 불과하다'라는 말을 현실에서 이뤄낸 아카데미 여우조연상 윤여정 배우처럼, 나이를 잊고 좋아하는 일에 열정을 불사르고자 하는 시니어들이 늘어나고 있다.

이러한 트렌드에 착안한 이든 피플은 중장년층이 예술교육을 쉽고 즐겁게 받을 수 있도록 교육 프로그램을 운영하는 문화체육관광부 예비사회적기업이다. 중장년층의 새로운 직업 창출과 사회적 참여를 돕기 위해 모델, 뮤지컬, 연기, 이미지메이킹 교육 등의 클래스를 운영하고 있다. 특히 '시니어 아트 페스티벌' 등 모델 교육을 받은 시니어 모델들이 직접 패션쇼에 참여하게 하여 시니어들의 내/외적 자신감을 상승시키고 패션쇼 런웨이를 걷는 체험을 제공함으로써 삶의 활력과 성취감을 느낄 수 있게 한다.

Eden People

2. 느린 학습자에게 특화된 디자인 교육 – '디자인 느긋'

디자인 느긋은 느린 학습자 [1]들에게 디지털 기기를 활용한 드로잉 및 디자인 교육을 통해 느린 학습자들의 잠재 능력을 개발하고, 이들이 그린 디지털 드로잉을 활용한 디자인 물품을 개발해 수익 창출 및 진로 개발을 할 수 있게 돕고 있는 고용노동부 예비사

---

1 지적 장애는 아니지만 지능 지수가 평균 지능에 미치지 못하는 경계선 지능을 가진 아이들로서 '느린 학습자'라고 불리며 30명인 한 학급에 3명 정도, 전체의 약 13%(미국 기준)를 차지한다고 한다.

회적기업이다.

　아이들에게 디자인 교육을 통해 간접 경험 및 사회화를 제공하며, 디자인 상품화 및 수익을 통해 자립 기회 및 경제활동 참여에 대한 자긍심을 고취하며 나아가 느린 학습자의 고용의 기회까지 제공될 수 있다. 이러한 기업의 활동 자체가 느린 학습자에 대한 사회적 이해와 관심을 유도할 수 있다는 점에도 사회적 가치가 있으며 이러한 사회적 기여 모델을 통한 다양한 지원 사업을 진행할 수 있다. 디자인 느굿은 2020년 오마이컴퍼니를 통한 크라우드펀딩에서 무려 724%의 목표를 달성하며 수익과 사회적 가치를 동시에 이루어낸 바 있다.

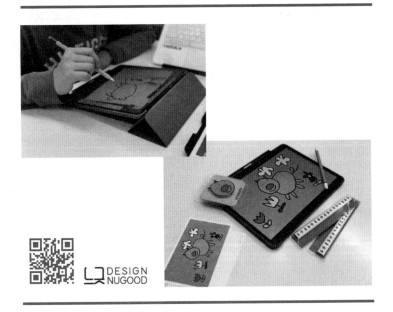

3. 찾아가는 VR 체험교육 등을 통해 지역과 계층 간 디지털 정보격차를 해소하는 '브이리스브이알'

국내 최초로 VR 버스와 VR 트럭을 통해 직접 찾아가는 실감미디어 제공회사인 브이리스브이알은 거리상 소외되거나 교육 시설 보급이 어려운 지역과 학교에 찾아가 약 35,000명 이상에게 VR 체험과 교육을 진행하여 지역과 계층 간 디지털 정보격차를 해소하는데 이바지하고 있다. 이에 머물지 않고 코로나19(COVID-19)로 현장 실습이 어려운 발달장애인들에게 보조 기기 사후관리사의 실습 VR 콘텐츠를 통해 실습의 기회를 제공하기도 하였다.

앞으로는 지속적인 일자리를 구하기 어려운 경력단절 여성을 대상으로 VR 강사 양성과정을 개설하여 양질의 일자리 창출을 계획하고 있다.

위에서 본 3가지 사회적 기업의 사례에서 문화예술은 시니어의 자신감을 일깨우기도 하고, 느린 학습자의 사회화를 도우며, 기술과의 결합을 통해 가상 실습의 기회를 제공하는 등 어떤 분야보다 사회적 가치를 살리면서 지속적인 경제활동을 가능하게 한다.

당신이 가지고 있는 문화예술 분야의 창업 아이디어에 사회적 가치를 더한다면 당신의 창업은 이미 시작 그 자체로도 충분한 의미가 있을 것이다.

팔리는 브랜드의 이야기 공식

이야기를 담은 브랜드: 내용(Contents)과 맥락(Context)

'브랜드 정체성(identity)이란 무엇인가?'라는 질문에 명쾌한 답변을 제시할 수 있다면 이상적이겠지만, 어떤 전문가도 정답을 제시하긴 어렵다. 정답은 없지만 분명한 것은 브랜드는 자기다움을 유지하여야 하고, 자기다움에는 맥락이 있어야 한다. 드라마나 영화에서 갑작스러운 주인공의 죽음이나 PPL(Product Placement)로 인해 몰입이 중단되었던 경험이 있을 것이다. 브랜드도 마찬가지이다. 브랜드를 구성하는 요소마다 연결이 자연스러워야 하고, 브랜드가 가는 길에서 고객의 몰입이 중단된다면 다시 처음부터 시작해야 하는 상황이 된다. 브랜드의 맥락은 기업과 고객을 연결해 주는 힘이자 기업의 가장 중요한 커뮤니케이션 수단이다.

몇 년 전 있었던 허니버터칩 소동은 생산과 유통의 문제에서 비롯된 일이다. 일반적이라면 사고에 속하는 일이다. 그러나 허니버터칩을 찾아다니며 구하는 과정 자체가 고객들에게는 하나의 놀이가 되었고, 구매 인증을 통해 부러움을 샀다. 고객들은 그 속에서 자연스럽게 허니버터칩이라는 상품의 맥락을 이해하게 되었다. 이렇듯 내용(Contents)에는 질서가 없지만, 맥락(Context)에는 질서가 있다. 뿔뿔이 흩어진 내용이 질서를 찾아 연결되면 선후 관계가 보이고 고객은 이를 통해 브랜드를 이해하게 된다.

[그림] 내용(좌)와 맥락(우)

흩어진 내용(Contents)를 맥락(Context)으로 연결해 주는 열쇠가 바로 이야기이다. 이야기를 통해 각각의 내용은 자연스럽게 연결된다. 2011년 스티브 잡스가 사망한 후 많은 신문들이 그의 이야기를 연일 보도하였다. 단순히 스티브 잡스의 사망에 관한 이야기가 아닌 혁신, 검정 터틀넥, 리바이스 청바지, 미혼모, 입양아, 대학 중퇴, 암 투병에 대해서 흩어진 내용을 하나의 맥락으로 이야기한 것이다. 이렇게 모든 것이 하나의 이야기가 된다.

이야기의 힘은 비단 브랜드에 국한되는 것이 아니다. 소설가 파울로 코엘류(Paulo Coelho)는 첫 번째 책『순례자』에서 신비 집단의 의식을 치르기 위한 여행 이야기를 한다. 이 책에서는 이후 출간된 『연금술사』의 중요한 주제인 '자아의 신화'가 어떻게 나오게 되었는지 힌트를 준다. 『순례자』는 파울로 코엘류라는 작가의 브랜드 탄생 과정을 담고 있고, 이를 통해서 우리는 그의 성장 과정을 지켜보며, 작가의 세계관을 함께 하게 되는 것이다.

파울로 코엘류는 이렇게 말한다. "스토리텔링의 힘은 그 무엇으로도 이을 수 없는 틈새를 잇는 것이다."

팔리는 브랜드의 이야기를 구성하는 공식

브랜드는 이야기를 통해 기업과 고객을 연결한다. 이야기는 모든 마케팅 수단 중 가장 강력한 힘을 가진다. 누구에게나 이야기는 있고, 그 이야기는 충분히 가치가 있다. 그 이야기를 찾아 브랜드의 힘으로 만들어보자. 스텔라 컬렉티브(Steller Collective)의 수장이자 페이스북, 힐튼 호텔 등 글로벌 브랜드의 마케팅을 함께한 킨드라 홀(Kindra Hall)은 저서 『스토리의 과학』에서 팔리는 브랜드의 이야기를 구성하는 공식을 가치, 창업가, 목적, 고객의 기준으로 나누어 정리하였다.

"공식1. 가치의 이해를 돕는 이야기"

1976년 일본의 한 과학자는 우연히 들른 사케 양조장에서 수십 년 동안 일한 늙은 주조사의 손을 주목하였다. 주조사의 얼굴에는 주름이 가득했지만, 그의 손은 피부 결이 부드럽고 주름도 없었기 때문이다.

과학자는 발효된 누룩에 오랜 시간 손을 담그고 있었던 것이 주조사의 손을 그렇게 만들었다고 생각하였고, 즉시 사케 발효액을 시작으로 350종이 넘는 효모를 연구하였다. 5년 후 마침내 과학자는 쌀 발효액에서 피테라(Pitera)를 만들었고, 이는 SK-Ⅱ 화장품의 핵심 성분이 되었다.

화장품 브랜드 'SK-Ⅱ'의 핵심 원료에 관한 이야기이다. 가치의 이해를 돕는 이야기는 인간의 보편적인 욕구와 욕망을 기반으로 하여 모든 이야기 중에서 가장 강력하다. 창업가가 생각하는 가치와 고객이 생각하는 가치는 다를 수밖에 없다. 가치의 이해를 돕는 이야기는 창업가의 가치와 고객의 다른 가치 사이를 채우는 역할을 하며, 기업이나 제품 · 서비스의 가치를 설명하여 고객을 설득하는 힘이 된다.

"공식2. 창업가의 이야기"

로드아일랜드 디자인스쿨 출신의 동갑내기 두 청년 브라이언 체스키(Brian Chesky)와 조 게비아(Joe Gebbia)는 함께 프로젝트를 한 사이었고, 아이디어를 나누는 것을 좋아했다. 대학 졸업 후 체스키는 로스앤젤레스에서, 게비아는 샌프란시스코에서 일하고 있었다. 멀리 떨어져 있었지만, 두 사람은 자주 이야기를 나눴다. 이 둘은 함께 창업을 위해 모였지만, 게비아의 경제 상황이 어려워졌다. 살던 집의 월세는 오르고 함께 지내던 룸메이트 두 명은 갑자기 이사를 가버려서 당장 집의 월세도 해결하기도 어려웠다. 일단 집세를 어떻게 충당할지 논의했다.

두 사람은 샌프란시스코에서 열리는 미국 산업 디자인 협회(IDSA) 콘퍼런스와 관련된 아이디어를 생각했다. '많은 사람이 샌프란시스코에 방문하면, 호텔은 만실이 되고 숙박비는 오를 것이다. 우리의 숙소를 빌려주고 아침식사를 제공하자.' 게비아는 캠핑에서 사용하던 에어 메트리스 세 개를 꺼냈고, 아침 식사까지 제공하는 숙소를 기획하였다.

그들은 웹페이지에 "두 명의 디자이너가 이번 콘퍼런스에 참가할 수 있는 새로운 방법을 만들다"라는 문구와 함께 ""80달러면 충분하다"라는 홍보를 하였다. 며칠이 지나지 않아 세 명의 손님을 받았고 일주일 만에 1,000달러를 벌었다.

에어비앤비(Airbnb)의 창업 이야기이다. 모든 창업에는 이야기가 있다. 창업가의 이야기는 그가 어떤 사람이며, 어떤 방향을 갈 것인지에 대해 설득하는 과정이다. 창업의 아이디어가 떠올랐던 순간부터 이 책을 읽는 지금, 이 순간까지 이야기의 뼈대를 만들고 하나씩 쌓아보자. 아이디어 탄생 과정이 아니라도 좋다. 자신의 삶에서 깨닫고 배운 이야기들, 이 모든 것이 창업가의 이야기이다. 이러한 이야기를 통해, 창업가는 함께 하는 사람들과 투자자의 신뢰를 얻게 된다. 주의할 점은 창업가의 이야기는 반드시 진실에 기반해야 한다. 거짓이 포함된 이야기로 얻게 되는 신뢰는 처참하게 무너지기 마련이다.

"공식3. 목적의 이야기"

블레이크 마이코스키는(Blake Mycoskie)는 속옷을 맡기기를 꺼리는 학생을 대상으로 세탁물 사업으로 100만 달러의 매출을 올렸다. '블레이크는 당신의 속옷을 보지않는다'는 광고 아이디어로 그의 사업은 큰 인기를 끌었다. 이후 그는 아르헨티나로 떠나 유유자적한 삶을 살고 있었는데, 가난으로 신발을 사지 못해 맨발로 다니는 아이들을 보고 충격을 받았다.

그는 '이 아이들에게 신발을 제공할 수 있는 영리목적의 사업을 시작하면 어떨까?'라는 아이디어를 시작으로, 기부가 아니라 사업에서 해결책을 찾아보기로 했다.

고객이 한 켤레의 신발을 구매하면 한 켤레의 신발을 제3세계 어린이들에게 기부하는 일대일 기부(One for one)를 실행하고 성공한 탐스슈즈의 이야기이다. 목적을 기반으로 하는 이야기는 우리는 누구이고 왜 이 일을 하는가에 관한 이야기이다. 앞서 말한 창업가의 이야기와 공통점이 보이지만 창업가의 개인적 이야기보다 더 창업의 목적이 분명하게 드러난다. 목적의 이야기는 공감을 얻고 사람들의 행동을 유도하기에 가장 좋은 방법이며, 다양하게 사용할 수 있다. 하지만 그 목적에 맞지 않는 행보를 보일 경우, 외면받게 된다. 실제로 비정부기구(NGO)는 탐스가 제3세계에 도움이 되지 않는다고 비난하였고, 탐스는 현재 브랜드 쇠퇴의 길을 걷고 있다.

"공식4. 고객의 이야기"

코로나로 직장을 잃고 홀로 딸을 키우는 아빠의 통장 잔고에는 571원 밖에 없었다. 피자가 먹고 싶다는 딸의 말에 아빠는 배달앱에 다음과 같은 내용을 넣어 주문을 했다. "7살 딸을 혼자 키우는데 당장 돈이 없어 부탁드려봅니다. 20일 기초 생활비 받는 날 드릴 수 있습니다. 꼭 드릴게요."

피자 가게 주인은 딸을 위해 외상을 부탁하는 아빠에게 대가 없이 피자를 선물한다. "부담 갖지 마시고 또 따님이 피자가 먹고 싶다고 하면 연락 주세요."

주변의 경험담, 상품의 후기, 인플루언서 추천을 통해서 물건을 구매해 본 경험이 있을 것이다. 고객의 경험은 신빙성을 가지고 있다. 위 이야기는 7살 딸아이를 홀로 키우는 아버지에게 도움의 손길을 내민 피자가게에 관한 이야기이다. 우리는 이 이야기를 통해서 피자가게 사장님의 진심 어린 마음을 느낄 수 있다.

제품이나 서비스의 핵심 가치가 고객의 이야기를 통해 구성되는 경우도 많다. 이 경우 판매자의 가치에 관한 이야기에 고객의 이야기가 합해지는 것으로, 힘을 가지게 된다. '후기 조작' 등의 불공정한 행위도 마케팅의 일종이라고 주장하는 전문가도 있다. 하지만 본질은 변하지 않는다. 고객은 생각보다 똑똑하다.

브랜드의 이야기 공식을 가치, 창업가, 목적, 고객의 기준으로 정리해 보았다. 이 기준을 창업의 시작에서 급하게 단정 지어 생각할 필요는 없다. 창업이라는 길을 걷고, 여러 사람을 만나다 보면 이야기는 쌓이게 마련이다. 여기서 절대 잊지 말아야 할 것은 이야기는 모두 하나의 브랜드 정체성 위에 있어야만 한다는 것이다.

단 한 명의 고객 찾기: 모두를 만족시키는 상품은 없다

백 명을 만족시키고 싶다면 단 한 명도 만족시킬 수 없다. 세계적인 마케팅 구루 세스 고딘(Seth Godin)은 그의 저서 『마케팅이다(This Is Marketing)』에서 마케팅은 "누구를 도울 것인가?"라는 질문에서 시작하라고 조언하며, 성공적인 마케팅의 5단계를 제안한다.

1. 들려줄 만한 이야기가 있고, 세상에 기여할 만한 가치가 있는 물건을 고안하는 것이다.
2. 그것을 소수의 사람들에게 혜택을 주고 사랑받을 방식으로 설계하고 제작하는 것이다.
3. 이 소수의 집단, 최소유효시장(smallest viable market)에 내재된 내러티브(narrative)와 꿈에 맞는 이야기를 들려주는 것이다.
4. 모두가 흥분하는 일, 바로 입소문을 퍼트리는 것이다.

171

5. 오랫동안 꾸준히, 일관되게, 정성껏 일으키고자 하는 변화를 기획하고, 주도하며, 그에 대한 신뢰를 구축하는 것이다.

소수라는 말이 반복된다. 이 소수라는 말에 원대한 꿈을 가지고 있는 창업가는 발끈한다. "조금만 판매를 하라는 말이냐?"

그렇다면 다시 묻겠다. "조금도 판매하지 못한다면, 많이 판매하는 것이 가능할까?" 그래서 우리는 우리의 제품이나 서비스를 구매할 단 한 명을 찾아야 한다. 이를 타겟팅(Targeting)이라고 한다. 우리가 제품이나 서비스를 제작하기 전에 타겟팅을 해야 하는 이유는 세스 고딘이 이야기한 최소 유효 시장을 찾고, 그에게 어떤 방법으로 우리의 제품과 서비스를 이야기할지 정하고자 함이다.

단 한 명의 고객, 페르소나

많은 창업가들은 나름의 계획이 있다. 마케팅의 요소요소가 우리의 삶과 전혀 무관한 것은 아니기에 "타겟 고객은 강남에 사는 2~30대 여성입니다."라는 이야기를 가장 흔하게 들었던 것 같다.

"20대 초, 중, 후반 어디에 들어가나요?"
"강남 어디에서 살까요? 논현동? 역삼동? 압구정동?"
"거주 형태는 아파트인가요? 주택인가요?"
"어떤 일을 하나요?"

"월 소득은 어떻게 되나요?"

"부모님과 함께 살고 있나요? 독립해서 살고 있나요?"

이런 질문을 쏟아내면 많은 창업가들은 당황해서 어쩔 줄을 모른다. 대부분은 '누구에게 팔 것인가'라는 질문을 제대로 이해하지 못한 것이다. 앞서 이야기한 것처럼 한 명에게 팔지 못하는 제품은 백 명에게 팔지 못한다.

단 한 명의 고객을 찾는 일은 단순히 제품이나 서비스를 구매할 한 명을 찾는 것은 아니다. 구매 가능성이 있는 집단 중 브랜드와 커뮤니케이션이 가능한 사람, 즉 브랜드 이해가 가능한, 말이 통하는 사람을 찾는 것이다. 집단이 아니라 사람, 단 한 명이다. 이 한 명을 '페르소나(persona)'라고 한다.

정리하자면 페르소나는 브랜드에 대한 이해가 있는(또는 이해가 가능한) 구체적인 인물이다. 가상의 인물이 될 수도, 실제 인물이 될 수도 있다. 우리는 그 페르소나를 정확하게 알고, 그가 원하는 열망(Aspiration)과 좌절(Frustration)을 정의하며, 그의 생활에서 우리가 해결해 줄 수 있는 문제를 찾는 것이다.

페르소나 설정

페르소나는 구체적으로 그려지는 인물이어야 한다. 혹시 이전에 거래 경험이 있는 사람 중에 떠오르는 사람이 있다면 그 사람을 페르소나로 설정해도 좋고, 그를 기반으로 가상의 페르소나를 설정하는 것도 좋다. 중요한 것은 그에 대한 가장 많은 정보를 통해, 입체적으로 이해할 수 있어야 한다는 것이다.

성별, 나이, 연령, 직업

결혼 여부/ 자녀 유무(인원, 자녀의 성별, 연령)

소득 수준, 주거 형태 / 삶에서 우선하는 것들

현재의 불편과 결핍, 좌절 / 원하는 삶의 목표

많은 정보를 수집하면 가장 이상적이지만, 어려울 경우 필요한 정보만 수집해도 무관하다.

서비스에도 디자인이 필요하다

서비스 디자인은 모든 순간 고객의 시선

창업이란 제품이나 서비스를 환전하는 과정이다. 제품이나 서비스가 환전되는 과정에 고객은 브랜드와 수없이 만나게 된다. 이 과정에서 고객의 시선에서 제품이나 서비스의 제공 과정에 대한 체계를 세우는 것이 서비스를 디자인하는 것이다. 서비스 디자인의 목표는 기업과 고객 사이의 모든 지점에서 고객에게 긍정적인 경험을 제공하는 데에 있다. 미학적 디자인이 아닌 고객의 경험을 설계하고 디자인해야 하는 세심한 작업이다.

서비스 디자인은 철저하게 사용자인 고객 중심으로 그려져야 한다. 서비스 디자인의 목적은 브랜드가 고객에게 좋은 기억으로 남기 위해서가 아니라 기업의 이익을 극대화하기 위함이다. 브랜드가 고객에게 좋은 기억으로 남겨져야 하는 이유는 브랜드에 좋은 인상을 느끼고 있는 고객은 브랜드를 다시 찾을 것이며, 그것은 결국 기업의 이익으로 돌아올 것이기 때문이다. 누군가가 획기적인 제품이나 서비스를 만들어도 기능적 측면에서 유일하기는 어려운 세상이다. 그 속에서 경쟁 우위를 차지할 수 있는 것이 바로 서비스 디자인이다.

초기 창업가가 흔히 하는 실수는 서비스 디자인 과정에서 고객과의 접점을 구매 중심으로 생각한다는 것이다. 고객의 입장이 되어 생각해 보자. 자동차를 사게 되었다. 비용을 지불하고 차를 인도받은 후 몇 년 동안 자동차로 이동하며 시간을 보내면서 자동차와 함께하게 된다. 정기 점검으로 A/S센터를 가기도 할 것이고, 때론 사고로 수리를 받아야 할 상황도 생길 것이다. 비용을 내는 순간은 제품(자동차)과 함께 하는 전체 순간 중 찰나일 뿐이다. 대부분의 상품이나 서비스도 그렇다.

서비스 디자인은 고객 경험 전체를 생각하는 것이다. 브랜드에 대해서 인지하는 순간부터 사용이 끝나는 모든 순간까지 고객의 시선이다. 이런 고객의 시선을 천천히 따라가는 도구가 고객 여정 지도이다.

고객의 경험을 이해하기 위한 고객 여정 지도

고객 여정 지도(customer journey map)는 고객에 대한 이해를 도와주는 가장 좋은 도구로 고객이 제품이나 서비스를 사용할 브랜드와 만나게 되는 지점을 차례로 나열하여 만든다. 고객 여정 지도는 제품이나 서비스에 대한 고객의 경험을 넓고 세심한 관점으로 바라보기 때문에 브랜드와 고객이 만나는 순간에 대한 깊이 있는 이해가 가능하다. 깊이 있는 이해는 더 좋은 제품이나 서비스로 이어져야 하며, 창업자는 고객의 경험을 최우선 판단 기준으로 삼아야 한다.

1. 여정의 단계 구성
- 페르소나를 중심에 두고 시간의 흐름에 따라 배열
- 시간의 흐름을 중심으로 브랜드와의 접점을 기준으로 나눔

2. 여정의 단계별 감정 작성하기
- 여정에 따른 페르소나의 감정을 좋음, 보통, 나쁨으로 구분
- 감정의 이유를 기록

3. 여정의 단계별 문제점 및 개선점 작성하기
- 나쁨 단계의 문제점과 개선점을 파악
- 좋은 지점에도 문제는 없는지 확인

단계	동기	인터넷 검색	사이트 둘러보기	제품평가	결제	상품 받기
행동	크리스마스 선물사기	네이버 키워드검색 -> 1번째 광고 클릭	판매 1위 제품, 세일제품 탐색	제품 페이지 디테일 확인	결제 / 고객센터 도움받기	배달완료

기분

매우행복 — 만족 — 불만족

| 경험 | 선물할 생각에 기쁨 | 광고에 낚여서 짜증 | 50%세일에 기분 풀림 | 제품이 마음에 듬 | 빠른 결제 신이 남 / 고객 센터 답변 느림 | 배송이 오래 걸림 |
| 고객기대 | 할인 소식이 듣고 싶음 | 검색엔진이 좀 더 소비자 위주였으면 좋겠음 | 한눈에 세일 정보를 얻는 쇼핑몰 페이지 | 디테일링이 잘 보이는 제품 설명 | 결제 쉬움 / 전화 좀 받아라 | 빠른배송 옵션 추가 |

[표] 고객의 시선에 따른 고객여정지도

178

상품의 가치를 높이는 방법

브랜드 심리학자 김지헌 교수는 더 나은 가치를 제공함으로써 장기적인 관계를 구축하는 것이 마케팅의 핵심이며 본질이라고 말한다. 가치라는 것은 고객이 지불하는 비용에 대비한 혜택을 의미한다.

가치= 혜택(benefit) ÷ 가격/비용(cost)

혜택이라는 것은 상품의 품질과 고객 경험 만족도를 포함하는 고객의 변화이다. 워렌 버핏(Warren Buffett)은 가격과 가치를 이렇게 정의를 내린다.

"가격은 고객이 지불하는 돈, 가치는 고객이 얻는 것 (Price is what you pay, value is what you get)"

고객이 지불하는 가격을 정했다면, 우리는 가격에 대비하여 고객에게 줄 수 있는 것이 무엇인지 생각하고 가치를 높여야 한다. 가치를 높이기 위해서는 가격, 비용을 낮추거나 혜택을 높여야 한다. 비용을 낮추는 방법에 대해서 생각한다면 잊어라. 비용을 어떻게 낮출 것인가에 초점을 두다 보면, 결국에는 경쟁력을 잃게 된다.

고객이 의식하는 혜택은 크게 5가지로 분류할 수 있다.

이른 아침 카페인을 통해 각성하게 된다 [기능적 혜택]
스타벅스 커피 한 잔으로 플렉스(flex)한 기분이 든다[상징적 혜택]
조용한 음악과 함께 스타벅스에 있으니 공부가 잘되는 것 같다 [경험적 혜택]
공정무역 커피를 사용한다고 하니 나도 착한 사람이 된 것 같다 [이타적 혜택]
스타벅스에서는 모든 직원을 정직원으로 채용해준다고 하니
커피가격이 조금 비싸도 자부심을 느낀다 [자존적 혜택]

커피 한 잔에도 고객은 여러 가지 가치를 추구한다. 창업자는 우리의 페르소나 분석과 고객의 여정을 분석하여 그들이 추구하는 가치를 찾아내야 한다.

1. 기능적 혜택

기능적인 혜택은 소비자가 지각하는 현재의 문제를 해결하거나 미래의 문제를 예방하는 데 도움을 주는 혜택이다. 대개의 경우

창업은 소비자의 기능적 혜택을 충족하는 것에서 시작한다. 청바지는 편하게 입는 바지로서 기능을 하지만, 노인에게 청바지는 젊게 사는 자신의 모습을 표현하는 상징적 혜택이 될 수도 있다.

2. 상징적 혜택

상징적 혜택은 자아 이미지, 사회적 지위, 집단 소속감 등을 표현하고자 하는 소비자의 욕구 충족을 의미한다. 영화『악마는 프라다를 입는다』에서는 주인공 앤디 삭스(앤 해서웨이)가 상사 미란다(메릴 스트립)를 위해 아침마다 스타벅스에 간다. 앤디는 뜨거운 커피가 식지 않게 스타벅스 커피를 들고 뉴욕 거리를 달린다. 한 손에는 커피, 한 손에는 전화기를 들고 상사의 전화를 받는 장면도 나온다. 앤디의 힘들고 바쁜 아침은 스타벅스 커피와 함께 그려졌다.

스타벅스 커피는 성공한 여성의 상징으로 보이게 되었다. 상징적 혜택은 브랜드가 가지고 있는 이미지를 통해 보이므로, 브랜드 이미지를 구축하는 것이 중요하다.

3. 경험적 혜택

이케아(IKEA)는 '불편함을 팝니다'라고 말한다. 직접 매장을 방문해서 가구를 구매하고, 옮기고, 직접 조립해야 한다. 그 과정에서 고객은 상품에 더 많은 애정을 가지게 되고 즐거움을 느끼기도 한다. 자신의 노동이 들어간 결과물에 대해 더 가치를 가지는 것을 이케아 효과(IKEA Effect)[2]라고 하기도 한다. 경험적 혜택은 결국 고객과 성장하는 브랜드를 만들게 된다.

4. 이타적 혜택

이타적 혜택은 인간의 본성 중 하나인 선(善)의 의지를 추구하게 한다. 코스메틱 브랜드 '러쉬(LUSH)'에서는 최소한의 포장재를 사용하고, 동물실험을 반대하는 브랜드 이념을 통해 이타적 혜택을 강조한다.

5. 자존적 혜택

2019년 7월, 당시 일본 총리인 아베 신조가 대한민국에 수출 통제 조치를 단행하자, 한국에서는 일본 상품 불매 운동이 확산되었다. 자존적 혜택은 개인이 가진 사회적 가치를 기반으로 한다.

---

2 소비자들이 불편을 감수하고 자신의 노력이 투입된 제품에 대해 더 만족하는 현상(상식으로 보는 세상의 법칙(경제편), 네이버)

6하 원칙에 맞춰 계획하자

우리는 보통 세상의 문제를 해결하고자 창업을 하는 사람을 창업자라고 부른다. 그런데 문화예술 분야의 창업을 준비하는 분들에게 다음의 질문을 하게 되면 어떻게 설명을 해야 할지 난감해하는 경우가 있다.

- 어떠한 문제를 해결하고자 창업을 했는지?
- 타깃이 누구인지?
- 돈은 어떻게 벌 것인지?

이런 경우 6하 원칙에 맞춰서 나의 사업을 정리해 보자.

언제	어디서	누가	무엇을	어떻게	왜
내년 봄	아이디어스	비채	스카프	선물포장	판매하고자

우리는 이렇게 간단하게 사업을 설명할 수 있다. 6하 원칙에 맞춰 사업을 설명하고 여기에 덧붙여서 수정을 해보자면 다음과 같다.

> 내년 4월 말 – 온라인 핸드메이드 장터 아이디어스에서 – 전문 공예인으로 구성된 비채가 – 천연 염색 스카프를 – 선물포장을 하고 30% 할인을 해서 – 어버이날 선물로 판매하고자 합니다

이렇게 살을 붙여 나가면서 디테일한 시장과 타깃을 설명해 보는 것도 쉬운 접근 방법이다. 짧은 설명에 구체적인 판매 시장과 시기까지 적어야 하니 짧지만 꼭 필요한 내용을 전달할 수 있을 것이다.

나의 제품 및 서비스를 남에게 알리는 일은 창업을 하기 전부터 매우 중요한 일이다. 우리 기업의 소중한 제품과 서비스가 구체적으로 잘 전달될 수 있는 연습을 위해 자꾸 써보자. 한 줄로 우리의 제품과 서비스를 알릴 수 있게 될 때까지.

제품을 만드는 순환 이론

피봇(pivot)의 이해

아무리 성공 경험이 있는 기업가라도 고객의 니즈에 맞는 완벽한 사업모델을 확신하기 어렵다. 그렇기 때문에 가설검증을 위해 고객의 피드백으로 수정과 반복을 거듭하면서 적합한 사업모델로 전환하는 것이 필요하다. 이런 방향 전환을 피봇(pivot)이라고 한다.

그중 『린 스타트업(The Lean Startup)』 저자인 에릭 리스(Eric Ries)에 의해 만들어진 용어로 MVP(시제품으로서 최소 기능 제품)는 Build(개발) → Measure(측정) → Learn(학습)의 과정을 반복하며 고객의 피드백을 중심으로 전환하는 것이다.

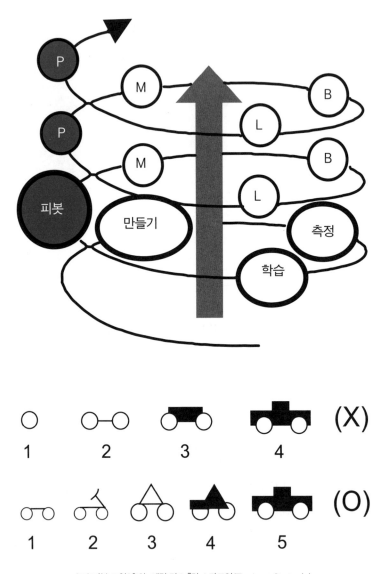

[표] 피봇 모형(출처: 에릭 리스 『린 스타트업(The Lean Startup)』)

상단: 1 자동차 바퀴 2 자동차 바퀴 연결 3 자동차 하부 부착 4 자동차 완성 모형
하단: 1 스케이트보드 완성 모형 2 킥보드 완성 모형 3 자전거 완성 모형 4 오토바이 완성 모형 5 자동차 완성모형

에릭 리스는 피봇 유형을 10가지로 제시하고 있다.

구분	관련설명
Zoom In Pivot (줌인 피봇)	제품의 일부를 전체 제품의 핵심으로 수정하는 유형
Zoom-out Pivot (줌아웃 피봇)	제품의 다양한 기능과 피쳐(features)을 추가하는 유형
Customer Segmentation Pivot (고객 세분화 피봇)	목표 고객이 예상과 다른 경우 고객 타겟팅을 수정하는 유형
Customer-Needs Pivot(고객 니즈 피봇)	고객 수요를 재분석하고 니즈를 충족하도록 수정하는 유형
Platform Pivot (플랫폼 피봇)	어플리케이션→플랫폼개발, 플랫폼→어플리케이션개발 하는 유형
Business Architecture Pivot (사업구조 피봇)	B2B→B2C로, B2C→B2B로 사업구조 자체를 수정/확대/전환하는 유형
Value Capture Pivot (가치 획득 피봇)	기업이 추구하는 가치의 수익모델을 재구성하거나 수정하는 유형
Engine of Growth Pivot (성장 엔진 피봇)	기업의 성장 모델과 레버리지(ex. 마케팅) 방법론을 찾는 유형
Channel Pivot (채널 피봇)	기업이 제공하는 재화나 서비스를 판매하는 유형

물론 각각의 기업 상황에 따라 10가지 유형에 포함되지 않을 수도 있다. 결국 반복된 과정을 통해 고객을 위한 제품개발이나 사업모델을 변화시키는 목적을 인지하는 것이 중요하다.

반복되는 피봇 모델 만들기

　창작자가 자신의 작품을 고객에게 제공하거나 창작 콘텐츠 기반의 사업을 하고자 할 때는 고객의 피드백을 반복적으로 검증하는 것이 필요하다. 이때 Planning트랙→ Testing트랙→ Incubating 트랙 단계를 반복하며 고객 피드백을 중심으로 수정해 가는 것이 중요하다.

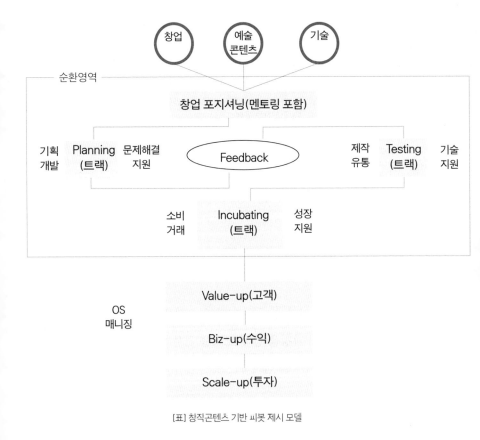

[표] 창직콘텐츠 기반 피봇 제시 모델

앞서 제안했듯이 3가지 영역(창업-예술·콘텐츠-기술)에서 포지셔닝 상태의 창업아이템으로 플래닝 트랙(기획개발)을 통해 문제해결을 지원하고, 테스팅 트랙(MVP)에서 실행하기 위한 기술 지원을 하는 것이다.

여기서 중요한 것은 플래닝 트랙과 테스팅 트랙 사이에서 고객의 피드백을 반복적으로 확인하는 것이다. 또한 반복적인 과정을 통해 실질적인 소비와 거래 가능성이 높아지도록 인큐베이팅 트랙을 통해 성장지원을 준비해야 한다. 이제 실행할 준비를 해보자.

나의 사업과 기술을 지켜주는 지식 재산권

대부분의 정부 지원 사업 비용 집행 시 빠지지 않는 항목이 있는데 바로 특허 및 인 · 검증 비용이다. 제품 판매에 있어서 인허가 및 검증을 받아야 하는 것은 당연한 것인데 특허는 왜 필요할까? 흔히 지식 재산권이라 통칭하여 불리는 특허권, 상표권, 디자인권, 저작권은 왜 정부지원 사업비에서 대주는 것일까? 이러한 궁금증을 한 번이라도 가져보았다면 당신은 미래에 대한 그림을 그리고 있는 중이라 볼 수 있다.

당장은 필요하지 않을 수 있다. 그러나 나의 사업과 기술을 지키려면 지식 재산권에 대한 기본적인 이해는 가져야 하고, 이를 통해 최소한의 에너지를 지식 재산권 획득에 사용할 수 있어야 한다.

성장하기 전 반드시 확인 필수, 지식 재산권

지식 재산권(intellectual property, 知識財産權)은 발명·상표·디자인 등의 산업재산권과 문학·음악·미술 작품 등에 관한 저작권을 통틀어서 말하는 것으로, 지식 재산권 혹은 지적소유권이라고 불리기도 한다.

아래의 표와 같이 다양한 지식 재산권의 유형이 있는데, 이 모든 지식 재산권을 다 알아둘 필요는 없다. 다만 향후 사업의 방향성에 따라 필요한 지식 재산권이 무엇인지 파악할 수 있어야 하기 때문에, 지식 재산권의 유형 및 분류에 대해 이해하고 있으면 좋다.

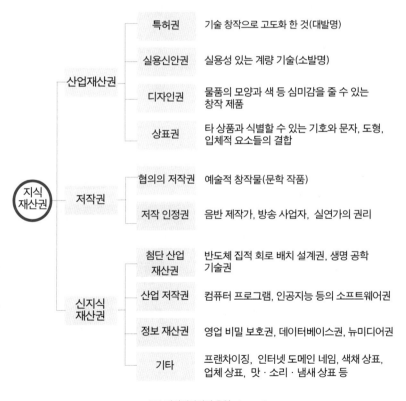

[표] 지식재산권의 유형, doopedia

또한 지식 재산권을 검색하는 곳인 '키프리스(www.kipris.or.kr)'와 특허 등록하는 곳인 특허청의 '특허로(www.patent.go.kr)' 그리고 디자인 선행조사를 할 수 있는 '디자인맵(www.designmap.or.kr)' 등의 관련 사이트는 브라우저에 즐겨찾기를 꼭 등록해놓고 필요할 때 들어가서 확인하기 바란다.

[표] 지식 재산권을 검색할 수 있는 키프리스

[표] 특허 출원 및 등록을 지원하는 특허청의 '특허로'

[표] 디자인 선행 조사를 할 수 있는 디자인맵

INSIGHT START-UP

IP를 보유하고 있다면 디자인권과 상표권

흔히 혼동하는 지식 재산권에 대해 알기 쉽도록 창작자 중심으로 설명하면 다음과 같다.

디자인권

저작권

상표권

A라는 창작자가 위의 그림과 같이 캐릭터 창작물을 만들었고 이에 대한 보호를 받고 싶으면 '저작권'을 알아보아야 한다. 저작권은 저작자 사후 70년이 권리기간이며 갱신되지 않고 한국저작권위원회(www.copyright.or.kr)에서 관리하고 있다.

캐릭터의 명칭을 RETOY라 이름하고 캐릭터와 결합한 브랜드 또는 상표로써 등록하고 싶다면 '상표권'을 출원하여 등록하는 것이 필요하다. 상표권은 갱신 가능한 10년의 권리기간을 가지며, 특허청에서 관련 정보를 검색하고 출원 정보도 알아볼 수 있다.

RETOY라는 브랜드와 제조회사가 협업하여 RETOY만의 디자인 특징을 담은 컵을 제작하였다고 하면 '디자인권'의 출원을 고민해 보아야 한다. 디자인권은 20년의 권리기간을 가지고 갱신되지 않으며, 한국디자인진흥원의 디자인맵에서 관련 정보를 제공하고 있다.

이후 협업이 잘 되어 RETOY 컵을 출시하여 판매할 경우, 다른 제조업에서의 복제의 위험이 있다고 판단된다면 '특허권'을 알아보아야 한다. 특허권은 갱신되지 않는 20년의 권리기간을 가지며 특허청의 특허로 사이트에서 관련 정보를 얻을 수 있다.

간단하게 소개하였지만 복잡할 수도 있는 것이 지식 재산권이기에 빠른 파악을 하기 위해서는 IP 교육 및 컨설팅을 듣는 것이 효과적일 수 있다. 최근에는 무료로 IP 교육과 컨설팅을 해주기도 하며, 이러한 지식 재산권 획득을 장려하기 위해서 출원비를 지원해주는 정부 지원 사업도 있으니 도움을 받으면 좋겠다.

지식 재산권 획득을 도와주는 지원 사업

상표권, 디자인권, 저작권 등 지식 재산권은 출원이 잘 되어 성공적으로 권리를 보호받을 수도 있지만 거절되는 경우도 많기 때문에 자금이 넉넉하지 않은 스타트업과 1인 기업, 창작자들에게는 부담하기 어려운 점이 있다. 정부에서는 이런 창작자와 중소기업을 지원하기 위한 여러 정부 지원 사업을 진행하고 있다.

구분	관련설명
지식 재산권 창출 지원	IP디딤돌 프로그램, IP나래 프로그램 등
지식 재산권활용지원	IP제품혁신 제품, IP 사업화 연계 등
지식 재산권보호지원	영업비밀보호센터 운영 등
지식 재산권교육·컨설팅 지원	지식재산(IP) 스마트 교육 등
지식 재산권 기타지원	직무발명보상 우수기업 인증 등
지식 재산권 행사지원	IP정보 활용산업 경진대회

[표] 지식재산권 관련 지원사업

지식 재산권을 만드는 단계에서는 창출 지원 사업을, IP를 보유하고 있다면 활용 및 보호 사업을 눈여겨보면 좋겠다. 다음으로는 알아두면 도움이 될 IP 지원 사업을 자세히 소개한다.

1. IP 디딤돌 프로그램

[표] IP 디딤돌 프로그램 지원사업의 절차

우수한 사업 아이디어를 사업 아이템으로 구체화하여 창업으로 연결될 수 있도록 하는 혁신형 창업 유도 프로그램으로 개인 및 예비창업자가 대상이다. 사업 아이템의 특허 출원비용 160만 원을 지원해 주며 IP 창업교육을 수료하면 개인 분담금 20%를 면제해 주는 혜택이 있다. 매월 1월부터 시작되어 선착순 마감이 되며, 출원을 하기 위해 사업 아이템을 도출하는 전 과정 - 아이디어 기초 상담, IP 기반 창업교육, 아이디어 고도화 및 권리화, 3D 프린팅 모형 설계, 창업컨설팅 등 지식 재산 기반 창업을 성공하기 위한 디딤돌 단계를 지원한다.

본 사업은 특허청 지역산업재산과 (042-481-8660, 8653), 한국발명진흥회 지역지식재산실 (02-3459-2838), 지역지식재산센터 (1661-1900, http://www.ripc.org, http://biz.ripc.org) 등을 통해 문의 또는 신청할 수 있다.

http://www.ripc.org

http://biz.ripc.org

2. 생활발명코리아

아이디어를 상품으로 만들 수 있도록 지식 재산 기반 창업을 유도하는 생활발명 코리아는 여성에게만 제공되는 지원 사업이다. 출원하지 않는 창작아이디어(부문1)와 지식 재산을 출원하였으나 제품화되지 않은 아이디어(부문 2)로 나누어 지원할 수 있으며 프로세스는 부문별로 아래의 그림과 같이 나누어진다.

[표] 생활발명코리아 출품 부문1(출원하지 않은 창작 아이디어)의 지원 프로세스

| 지식재산 활용교육 | 디자인 및 시제품 제작 | 사업화 컨설팅 |

[표] 생활발명코리아 출품 부문2(지식 재산 출원하고 제품화되지 않은 아이디어)의 지원 프로세스

부문1의 경우 전문가 멘토링(Mentoring) 및 아이디어 설계 및 시제품 제작비용까지 지원하고 있으며, 부문 2의 경우도 시제품 제작비용 및 창업, 판로 마케팅 관련 컨설팅을 제공하고 있어 아이디어만으로 창업을 하려는 창작자라면 한 번쯤은 도전해볼 만하다.

매년 2월 ~ 4월에 아이디어를 등록하고 6월에 선정하기 때문에 시기를 잘 맞추어 지원하는 것이 필요하다. 생활발명 코리아는 한국여성발명협회 사무국(02-538-2710) 및 홈페이지(http://www.womanidea.net)를 통해서 자세한 지원 정보 및 기존 사례들을 볼 수 있으니 꼭 참조하도록 하자.

 한국여성발명협회 사무국

3. 저작권 육성 지원 사업(인천창조경제혁신센터)

우수 저작물을 보유한 인천, 서울, 경기지역의 중소, 창업기업이라면 인천창조경제혁신센터 저작권 서비스센터에서 모집하는 사업을 지원해 보는 것이 좋겠다. 저작물 활용 제품을 상품화할 수 있는 '시제품 제작' 또는 시장 출시 및 전시회 참가 등을 위한 '마케팅(홍보물 제작)' 항목 중 1항목을 선택하여 2021년 기준 약 500만 원 상당의 지원비를 받을 수 있다. 한국저작권위원회에서 발행한 저작권 등록증을 가진 기업을 우대하고 있으며, 미등록인 기업이라면 사업 기간 내에 저작권 등록을 하면 된다.

선정을 위한 평가 기준은 사업 계획의 타당성 및 창의성, 보유 저작물의 수준 및 사업화 역량 등이며, 매년 3월 중에 홈페이지 (https://ccei.creativekorea.or.kr/incheon/) 등을 통해 모집이 공고된다.

인천창조경제혁신센터

저작권 관련 팁

합격을 원한다면 저작권을 미리 등록하자

저작권 미등록인 기업은 지원 사업 기간 내에 저작권 등록을 해야 한다는 조건이 붙어있는데 대부분의 지원 사업은 상대평가의 높은 경쟁률이기 때문에 가급적이면 조건이 달려있는 항목에 대해서는 처음부터 준비를 해두는 것이 유리하다.

저작물의 우수성을 알리자

저작권 육성 지원 사업인 만큼 보유 저작물의 우수성을 알리는 것이 가장 중요하며, 기본적인 콘텐츠 소개와 차별성 및 수상실적, 지난 활동으로 인한 성과를 입증할 수 있는 시각적 자료가 필요하다.

제작의 정당성과 이미지를 중심으로 사업화 전략을 서술하자

시장과 타겟의 니즈를 근거로 한 제작의 정당성을 밝히고, 제작하고자 하는 결과물에 대한 예시 이미지가 필요하다. 결과물이 아직 없겠지만 예상하는 디자인이나 설계의 이미지 또는 유사한 비즈니스모델의 사례를 사용하는 것도 좋다.

수익화가 가능한 결과물을 제시하자

저작물은 디지털화된 원천 콘텐츠로서 응용 및 활용한 2차 창작물을 통한 수익이 만들어졌을 때 가치를 가진다. 대부분의 지원 사업에서는 매출 발생 여부 및 가능성이 중요한 잣대이지만, 아직까지 수익화가 어려운 단계라면 현실적인 수준으로 제시하되 장기적으로 성장할 수 있는 비전을 서술하는 편이 낫다.

4. 해외 출원 등록 지원 사업 (한국지식재산보호원)

국내 콘텐츠의 지식 재산권을 해외 현지 출원 및 등록할 수 있도록 지원하여 글로벌 경쟁력 강화 및 수출을 할 수 있게 도와주는 해외출원 등록 지원 사업도 있다. 캐릭터, 애니메이션, 게임, 실감형 콘텐츠, 기타(만화, 음악, 패션, 방송, 스토리, 뉴콘텐츠, 출판, 콘텐츠솔루션) 콘텐츠를 보유한 국내 중소기업이 지원 대상이며, 콘텐츠별 최대 1,000만 원 내외에서 지식 재산권 해외 출원 및 저작권 등록비를 지원한다.

해외 출원 등록에 대한 지원을 받기 위해서는 국내 출원이 선행되어야 하고, 출원 후 등록비는 지원 대상이 아니다. 정부 지원을 통해 출원과 등록을 할 경우에는 전문가가 대신 전 과정을 진행해주기 때문에 대표자의 입장에서는 편리한 것은 사실이다. 그러나 콘텐츠를 기반으로 사업을 하는 경우라면 국내 출원 정도는 별도의 시간을 할애해서 공부를 해야 정확하게 출원을 할 수 있을 것이다.

처음부터 해외 시장을 타깃으로 하는 컨텐츠라 할지라도 기본적인 콘텐츠의 대한 소개 자료와 출원할 국가에 맞는 언어로 제작된 지식 재산권은 필수이다.

START-UP TIP

번역 후 해당 언어의 의미 확인 - 상표권이나 로고타입의 경우 언어 그대로 번역하지 말고 최대한 한글에서 의미하는 바와 동일한 느낌이 날 수 있도록 번역해야 하며, 타 국가에서 다른 의미로 쓰이는 단어가 아닌지 확인 후 선정하는 것이 필요하다.

콘텐츠 자체의 독창성에 대한 충분한 자료 및 설명 준비 - 정부의 지원을 통해 출원을 한 결과 최종 등록이 되지 않거나 등록 대상이 되지 않는다면 지원 기관에서도 성과가 없는 것이기 때문에 출원 등록 사업의 경우에는 이와 관련하여 충실한 설명이 필요하다. 특히 유사 사례에 대한 선행조사 결과를 토대로 한 차별성에 대한 증빙을 준비하면 좋다.

지식 재산권 수수료 감면, 알고 가자!

초기 창업자나 1인 창작자에게는 지식 재산권 신청비용도 큰 부담이다. 이때 내가 받을 수 있는 수수료 감면 정책을 확인하여 비용 부담도 줄이고 적극적인 출원도 진행해 볼 필요가 있다.

우선 특허 · 실용신안 · 디자인 출원료, 심사청구료, 최초 3년분 등록료에 대해서는 70% 감면하며, 4년 차 ~ 존속기간까지의 등록료를 50% 감면한다. 가장 폭넓게 적용되는 나이별 감면은 표에서 볼 수 있듯이 만 19세 이상 만 30세 미만이거나 만 65세 이상인 분들에게는 85%라는 어마어마한 감면 혜택이 있으니 꼭 기억해야 하며, 개인과 중소기업에게도 70% 감면 혜택이 있다.

자세한 감면 대상자별 수수료율은 다음의 표에서 확인할 수 있다.

구분	출원료, 심사청구료 설정등록료 (최초 3년분)	연차등록료 (4년차분 이후)
의료급여수급자 국가유공자 및 유가족 518 민주유공자 및 유가족 고엽제 후유증 환자 및 2세 특수임무수행자와 유족 독립유공자 및 유가족 참전유공자, 학생, 등록장애인 만 6세 이상, 만 19세 미만 군사병, 공익근무요원, 전환복무수행자	면제 (연간 10건 이하) *특허, 실용실안 1출원 당 청구항 30개 이하 시 심사청구료 면제 *복수디자인 출원시 1 출원당 디자인 3개 이 하시 면제	
만 19세 이상 만 30세 미만 만 65세 이상인 자	85% 감면 연간 20건 초과시 출 원료 30%감면	50% 감면 (4년~존속기간)
공공연구기관 기술이전 사업화 전담조직 지방자치단체 중소기업과의 공동연구결과물 출원	50%감면	
기술신탁관리기관, 은행 (개인,중소기업 등 대상 IP금융 실행시)	-	
중견기업	30% 감면	30% 감면 (4년~9년)
중소기업, 중견기업 중 - 직무발명보상 우수기업 - 지식재산 경영인증 기업	-	20% 추가감면 (4년~6년)

[표] 지식재산권 감면대상자별 수수료율

제품 판매 전 안전 인증 절차와 방법

보유한 IP를 통해 개발하여 제품화하고 판매하기 전에 한 가지 유의해야 할 점이 있다. 먼저 생산하는 제품이 어린이 제품, 생활용품, 전기용품에 포함된다면 KC인증을 꼭 획득해야 한다. 만약 인증 없이 판매하면 벌금 및 판매 중지되므로 꼭 유의해야 한다. 산업통상자원부 국가기술표준원에서 관리하는 KC인증은 대상 제품의 안전 요건을 만족하는지 확인 후 출시하도록 의무화된 제도이다.

벌칙 3년 이하의 징역 또는 3천만 원 이하의 벌금
(어린이 제품 안전법 41조, 전기용품 안전관리법 제40조)

과태료 1천만 원 이하의 벌금
(어린이 제품 안전 특별법 43조, 전기용품 및 생활용품
안전 관리법 제42조)

대상제품 중 어린이 제품은 만 13세 이하의 어린이를 위하여 사용되는 물품 또는 그 부분품이나 부속품을 말한다. 어린이 제품 대상 품목은 KC 인증 어린이 제품 대상 리스트를 참고 바란다.

안전인증	안전확인	공급자 적합성 확인
- 어린이 놀이기구 - 어린이용 물놀이 기구 - 차량용 어린이 보호장치 - 어린이용	- 유아용 섬유제품 - 합성수지제 어린이용품 - 어린이용 스포츠 용품 - 어린이용 자전거 - 유아용 기저귀 - 유모차, 유아용 침대 - 유아용 캐리어 - 어린이용 구명복	- 어린이용 안경테 - 어린이용 우산 및 양산 - 어린이용 운동화 - 어린이용 롤러스케이트 - 어린이용 겨울 스포츠용품 - 어린이용 가구 - 어린이용 장신구 - 어린이용 섬유 제품 - 기타 어린이 제품

[표] KC인증 어린이 제품 대상 리스트

생활용품은 구조, 재질 및 사용방법 등으로 인하여 소비자의 신체에 대한 위해 우려가 있는 생활용품의 안전성을 확보하여 안전한 환경을 조성하기 위한 목적으로 그 대상 제품은 다음과 같다.

안전인증	안전확인	공급자 적합성 확인
- 물놀이 기구 - 비비탄총	- 고령자용 보행차, 보조차 - 스키 용구 - 이륜자전거 - 일회용 기저귀 - 헬스기구 - 기름 난로 - 건전지	- 가구 - 창문 블라인드 - 휴대용 사다리 - 쌍커풀용 테이프 - 속눈썹 열 성형기

[표] 생활용품 인증 대상 제품 리스트

이 외에도 캔들이나 디퓨저와 같은 환경생활화학제품도 이에 속하니 참고하기 바란다.

마지막으로 전기용품 또는 전자제품은 전기용품의 구조, 재질 및 사용방법 등으로 인하여 발생될 수 있는 화재나 감전 등의 위험 및 사고를 예방하고 전기용품의 안전성을 확보하여 안전한 환경을 조성하기 위한 목적이며 그 대상 제품은 아래와 같다.

안전인증	안전확인	공급자 적합성 확인
- 전기 기기 - 전기 설비용 부속품 - 정보, 통신 기기 - 조명기기 - 사무기기 - 전동공구	- 전기기기용 스위치 - 절연변압기	- 전동 공구 - 오디오, 비디오 응용기기

[표] 전기 및 전자제품 인증 대상제품 리스트

KC인증대상 품목과 자세한 품목리스트를 확인하고 싶으면 제품안전정보센터(https://www.safetykorea.kr/)에서 제품안전 대상 품목 메뉴에서 확인할 수 있다.

그럼 어떻게 KC 인증을 받는지 자세한 절차를 알아보자.

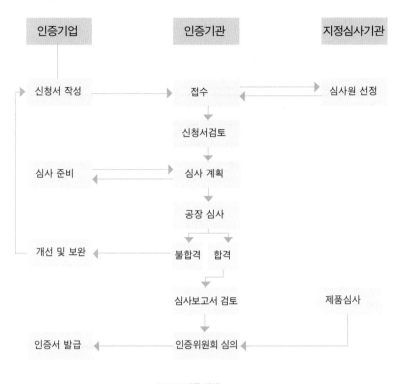

[표] KC인증 절차

이를 단계별로 간략하게 정리하면 아래와 같다.

INSIGHT START-UP

[STEP1] 해당 제품에 맞는 공인 시험기관 찾기

KC 인증을 받을 수 있는 공인시험기관리스트는 제품안전정보
센터에서 확인이 가능하다.

[표] KC 인증을 받을 수 있는 공인시험기관 리스트

시험 기관에 따라 제품 시험 비용이 다르기 때문에 해당 시험
기관 내 KC인증 담당 부서에 문의를 통해 인증 품목에 따라 시험
기간이나 시험 비용에 따른 견적을 먼저 받아야 한다. 소요 기간이
짧고 시험 비용이 부담되지 않은 시험 기관을 선택하는 것을 추천
한다. 온라인 접수를 통해 문의하는 것이 좋다.

[STEP2] 신청서 작성

신청서 작성 전에 먼저 해당 시험기관의 KC인증 담당 부서에 문의를 통해 신청 절차를 간략히 상담 받으면 손쉽게 진행이 가능하다. 상담 시 인증 대상품목별 신청서 양식이 다 다르니 잊지 말고 문의하기 바란다. 또한 시료개수, 완제품 여부, 시료사이즈 등 꼭 확인하는 것이 필요하다.

[STEP3] 시험받을 제품이나 시료 준비 및 선별

신청서 작성이 완료되었다면 시험을 의뢰할 제품이나 또는 시료 등을 준비하고 선별해야 한다. 대상 품목별 시험에 사용될 제품이나 시료에 대한 요건들이 있으니 유의해야 한다.

[STEP4] 인증서 발급

시험이 완료되었다고 통보를 받으면 인증서 발급을 받고, 해당 인증 마크를 제품에 부착하면 모든 KC 인증 발급 과정이 완료된 것이다. 인증서를 통한 신뢰를 구축하여 다양한 온오프라인 판매 채널을 확보하여 매출을 올리는 것만이 남았다.

고객을 설득하는 제품의 시험성적서 발급 방법

특허나 디자인 등록에 기반한 제품을 연구개발을 완료하고 판매하기 전, 반드시 거쳐야 할 단계가 있다. 첫 번째 단계는 이전 장에서 언급한 안전 인증(KC 인증 등)을 받는 것이고, 시험성적서를 발급받기 위한 성능시험이 두 번째이다. 경쟁사 제품보다 혁신적으로 우수함을 검증하고 국가(또는 정부로 변경)에서 공산품마다 지정한 기준에 따르기 위해, 성능시험을 거친 후 시험성적서를 발급받아야 제품의 혁신성과 신뢰성을 검증할 수 있다.

성능시험을 위해선 한국인정기구(KOLAS)에서 인정한 공인시험기관에 의뢰하여 제품 시험을 진행해야 한다. 가장 대표적인 분야별 공인시험기관은 산업 전반적으로 공산품을 시험하는 한국산업기술시험원(KTL)이 있고, 건설, 환경 쪽으로 특화된 한국건설생활환경시험연구원(KCL), 화학, 소재 등을 다루는 한국화학융합시험원(KTR)이 있다. 기계나 전기, 전자 제품은 한국기계전기전자시험연구원(KTC), IT 및 정보통신 관련 시험의뢰는 한국정보통신기술협회(TTA)에 하면 된다.

시험 기관명		대표 시험분야
한국산업기술시험원 (KTL, http://www.ktl.re.kr)		대부분의 산업분야
한국건설생활환경시험연구원 (KCL, http://www.kcl.re.kr)		건설, 환경 분야의 제품, 기술
한국화학융합시험연구원 (KTR, http://www.ktr.or.kr)		화학, 소재
한국기계전기전자시험연구원 (KTC, http://www.ktc.re.kr)		기계나 전기, 전자
한국정보통신기술협회 (TTA, http://www.tta.or.kr)		IT, 정보통신

이 외에도 다양한 공인시험기관이 있고 민간 시험기관, 대학 연구기관, 해외 시험기관이 있다. 하지만 가장 중요한 점은 한국인정기구에 인증을 받은 시험 기관에 의뢰해야 공신력이 있다는 것이다.

특허기술이 적용된 제품에 대해 국가 기준보다 우수한지 검증하기 위한 시험이므로, 성능시험 의뢰 전 해당 기준에 따라 시험항목이 어떤 것이 있는지 전략적으로 접근해야 한다. 항목당, 수량, 기간별 상황에 따라 필요한 것만 진행해야 비용을 절약할 수 있다.

공인시험기관에서는 어떠한 목적으로 제품에 대한 성능시험을 받는지에 대해 면밀한 상담이 어렵기 때문에 시험 항목을 미리 알아본 후 진행할 것을 추천한다. 해당 제품의 특허기술이 적용된 제품과 KS 인증의 획득 기준으로 시험항목을 정하고 진행하면 된다. 특히 KS 인증은 공공조달 시장. 즉, B2G시장에 진입했을 때 경쟁 입찰이나 수의계약 혜택이 있고 그 외로 우선 구매 제도와 마케팅 시 인증마크 사용을 통해 신뢰성 확보에 대한 혜택이 있다.

 공인시험기관을 알아보려면 한국인정기구(www.knab.go.kr)에 접속 후 '공인기관검색' 〉 '시험기관' 메뉴를 클릭하여 시험할 분야(인정분야, Field of Testing)를 선택 후 검색 버튼을 클릭하면 해당 분야 공인시험기관 목록이 조회된다.

그다음 전문분야별 대표적인 시험 기관들을 중심으로 조회 유무를 확인하고, 해당 시험 기관 사이트에 접속한 다음 시험의뢰에 대한 담당 부서의 연락처를 찾아 전화로 문의하면 된다. 이후 시험기관별 제품 시험 견적을 비교 후 진행한다. 시험기관에 의뢰가 접수되면 담당자가 지정되고 제품 시험 의뢰서와 같은 양식이 제공된다. 양식에 맞게 제품에 대해 작성하고, 시험 일정을 조율한 후

성능 테스트를 진행하면 된다.

제품 시험이 완료되면 받게 되는 시험 성적서 또는 보고서는 기술 인증이나 품질인증에 활용함과 동시에 B2G시장 진입 시 제출할 수 있으며, 제품을 홍보할 때 마케팅 자료로 사용하여 신뢰를 얻을 수 있다.

콘텐츠 제작 프로세스, 선택이 아닌 필수

전 세계적으로 K-문화 콘텐츠가 각광을 받고 있다. 음반, 영상, 웹툰, 실감형 콘텐츠 등 다양한 콘텐츠가 국내뿐만 아니라 전 세계인을 사로잡고 있는 사례가 등장하고 있다. K-문화 콘텐츠가 날개를 펼치게 된 것은 콘텐츠를 유통하는 중앙화된 독점사업자를 벗어나 개인화된 자유로운 광고 플랫폼인 유튜브와 넷플릭스와 같은 글로벌 OTT 서비스를 통해 전 세계에 동시 공급되면서부터 폭발력을 가진 것이다.

콘텐츠 소비가 빠르게 증가하면서 소비자에게 양질의 콘텐츠를 같은 수준 혹은 그 이상으로 꾸준히 제공하기 위해서는 제작 프로세스가 필수가 되었다. 제작 프로세스를 가진 콘텐츠 제작사는 특정 작가 혹은 특정 제작자에 의존적이지 않고 소비자 지향적인 제작에 포커스를 맞추게 되어 더욱 팬덤(fandom)을 강화시키는 효과도 발생한다. 이러한 문화 콘텐츠 제작 트렌드를 반영한 콘텐

츠별 제작 프로세스를 통해 양질의 콘텐츠 제공 방법에 대해 알아
보자.

콘텐츠 프로세스 사례 1 - 원팀형

웹드라마 숏폼(Short-form) 콘텐츠 IP로 창업한 '와이낫미디
어'의 경우, 초기 창업 시 제작이 어려운 드라마 장르를 선택했다.
대부분이 20대 크리에이터가 중심이 되어 기존의 경력 작가, PD
없이 내부 팀을 이뤄 공동 창작하는 방식으로 진행했는데 그것이
오늘의 와이낫미디어의 콘텐츠들에 생명력을 불어넣어 주는 핵심
이 되었다. 그들이 주기적으로 만들어 히트시킨 IP는 속편 시리즈
를 계속 내면서 고객을 모으는 전략(콘텐츠 프랜차이즈 방식)으로
시장의 파이를 성장시켰다.

와이낫미디어의 제작 프로세스에는 주목할 부분이 있는데, PD
들이 서로 역할을 바꿔가며 프로젝트를 진행하는 형태라는 점이
다. 이전 작품에서 프로듀서였다면 다음 프로젝트에서는 조연출이
되어 다양한 부분에서 역량을 강화하고 시너지가 날 수 있는 제작
프로세스를 갖고 있다.

이러한 프로세스를 기반으로 숏폼 콘텐츠의 호황 속 웹드라마
로 독보적인 입지를 굳히고 있다. 작은 팀에서 시작해서 지난 2021
년 5월에 150억 투자유치를 받아 글로벌 파이프라인을 구축하고
세계로 뻗어 나가고 있다.

영상 콘텐츠의 소비와 콘텐츠 니즈가 늘어남에 따라 고퀄리티의 작품을 빠르고 정확하게 제작하기 위한 다양한 솔루션이 등장하고 있다. 이러한 부분도 기존의 레거시 영상 제작 프로세스에 영향을 주게 되어 산업 전반적인 모멘텀(momentum)이 발생하게 되었다.

영상 콘텐츠 제작에서 일반적인 프로세스는 프리 프로덕션(pre-production), 프로덕션(production), 포스트 프로덕션(post-production)의 3단계의 프로세스를 가진다. 소규모 숏폼 콘텐츠를 제작하더라도 간소화된 3단계 프로세스를 거치는 것이 콘텐츠의 퀄리티를 보장받고 실수나 오류를 통한 제작비 상승을 조금이라도 줄일 수 있다.

제작하려는 영상 콘텐츠에서 생략 가능한 요소들을 빠르게 결정하는 것도 콘텐츠 제작사의 역량이라 할 수 있다. 각 프로세스의 간단한 개요를 살펴보면 영상 제작 전에 필요한 작업을 프리 프로덕션 단계에서 하게 된다. 시나리오, 대본, 콘티, 캐스팅, 프리비즈(pre-visualization)[3]등이 여기에 해당한다. 프로덕션은 실제 촬영에 필요한 부분들을 말하며 촬영 장소 섭외, 연출, 무대 세팅, 대본에 맞게 촬영 등 원소스를 만드는 부분이다. 포스트 프로세스에서는 작업된 원소스를 완성된 형태로 편집, 수정, 특수효과, 더빙, 음향효과 등이 포함된다. 애니메이션과 숏 폼, 유튜브 영상작업도 단

---

3 프리비즈(Pre-visualization): 스토리텔링에 맞게 스토리보드를 단순한 영상으로 만드는 작업을 포함하고 대규모, 혹은 CG 작업을 위한 세팅을 확인하기 위해서 사용한다. 주목적은 제작비 절약이며 완성도를 높이는 필수 요소로 자리 잡고 있으며 현재는 게임엔진을 이용해서 프리비즈 영상을 촬영하거나 가상의 캐릭터를 이용해 카메라 구도, 배경 등을 직접 배치해서 촬영해 보면서 영상의 퀄리티와 스토리텔링의 디테일까지 영향을 주게 되었다.

계별 프로세스가 좀 더 간소화된 형태로 진행된다고 이해하면 될 것이다.

어떠한 변화가 기존의 프로세스에 영향을 주었을까? 현재 제작되는 드라마나 영화가 어떤 식으로 제작되는지 살펴보면 다음과 같다.

기존에는 물리적인 공간에서 세트장을 만들고 포스트 프로세스 과정에서 특수효과를 편집하는 과정에 많은 비용과 시간, 인력이 소모되던 과정과 연기자 또한 실제 주변에는 크로마키(chromakey) 기법을 위한 블루 스크린 안에서 가상의 공간을 상상하며 연기를 해야만 했다. 이제는 거대한 디스플레이에 실시간으로 리얼한 가상의 배경을 투사하고 연기자는 그 공간 안에서 직접 연기를 하게 된다. 연기자의 표정이나 공간에 대한 감정 표현의 퀄리티는 두말할 것 없다. 연기자와 연출자 모두 만족할 정도의 환경이 갖추어지는 것이다.

여기에 언리얼(Unreal Engine), 유니티(Unity) 같은 게임엔진이 사용되면서 게임 제작자들과 특수효과 제작팀과 실시간으로 협업을 하며 프로세스의 융합이 진행되고 있다. 그리고 이러한 XR 기술을 활용한 촬영 기술은 포스트 프로세스에서 가장 많은 비용이 발생하던 편집과 특수효과와 반사 처리 등에 획기적으로 절감하는 효과를 가져왔다.

　이러한 게임엔진으로 만든 실시간 가상 LED 배경을 활용하면 다양한 공간을 자유롭게 제작할 수 있어서 콘텐츠 내용면에서도 무한한 확장성을 가지게 되어 이전에 상상하지 못했던 창의적인 유연성을 가지게 되었다. 이렇게 만들어진 대표적 콘텐츠로 스타 워즈 IP의 스핀오 프 드라마『더 만달로리안』은 시즌 1의 절반 이상을 이 버추얼 프로덕션을 이용해 제작되었다고 한다. SF 장르의 특성과 세계관의 표현을 획기적으로 향상시켜 야외촬영을 생략하고 포스트 프로세스를 간소화시켜 제작비도 엄청나게 절약할 수 있게 되었다. 국내에도 K 드라마 열풍과 빠른 인프라 구축으로 각 지역에 대형 XR LED 기반 스튜디오가 많이 만들어지고 있다. 추가로 영상 제작 시 위험 요소로 작용하는 연기자 섭외 등도 AI와 디지털 트윈 기술의 발달로 새로운 디지털 휴먼을 활용하는 IP 개발도 급속도로 발전하고 있는 부분을 주목해야 한다.

[이미지] 더블베어스스튜디오

또한 소규모 스튜디오도 많이 생겨나면서 숏폼 콘텐츠 제작에도 공간적, 환경적 제약에서 벗어난 작품들을 만들 수 있을 것으로 기대된다. 웹드라마에서 항상 소재와 공간의 제약으로 인해 다루지 못했던 SF나 판타지 장르도 표현이 가능해지면서 앞으로 콘텐츠 시장이 더욱 풍성해지고 프로세스의 중요도는 더욱 올라갈 것이다.

콘텐츠 프로세스 사례 2 - 분업형

국내 웹툰 시장이 폭발적으로 성장하면서 기존에 웹툰을 제작하던 방식에서 분업화하는 형태의 프로세스를 도입하면서 콘텐츠 소비에 대응하고 있다. 초기 단계에는 1인 창작자들이 스토리 구상, 콘티 작업, 작화 작업을 순서대로 진행해서 연재물의 경우 마

INSIGHT START-UP

감에 맞추어 출시하는 전형적인 방식에서 모바일 환경에서 콘텐츠 소비 속도를 못 따라가는 문제와 시간과 인력의 부족으로 인한 작품 자체의 퀄리티가 떨어지는 고질적인 문제에서 벗어나기 위해 지속적으로 고민해온 부분이 프로세스로 만들어지게 되었다.

현재 한국의 웹툰 시장은 다양한 미디어와 융합과 세계적으로 K-콘텐츠의 위상을 떨치고 있다. 최근 많이 창업하고 있는 웹툰 스튜디오는 작품 제작 과정에서 분업이 핵심이다. 작가 한 명 한 명을 관리하는 소속사, 기획사 개념의 매니지먼트에서 다수의 작화가와 스토리 작가가 분업해서 웹툰을 제작하는 제작사 개념의 스튜디오 시스템을 만들었다.

[도표] 웹툰 스튜디오의 구성

이를 통해 안정적인 연재 주기와 작품 퀄리티를 확보하고, 검증된 IP를 다양한 미디어와 시장으로 확장할 수 있게 되었다.

[도표] 웹툰 스튜디오 프로세스

실제로 넷플릭스 오리지널 시리즈 『DP』의 원작자 김보통 작가도 트위터를 통해서 1인 데뷔한 후 작품이 흥행할수록 다양한 미디어와 IP를 콜라보레이션 하게 되었고 혼자의 힘으로는 자신의 IP를 프랜차이즈화 할 수 없다고 판단해 웹툰 제작을 프로세스화해야 했다고 말했다. 여기서 그치지 않고 현재는 웹툰 스튜디오와 스토리 전문 스튜디오를 분리해서 재창업했다고 한다. 김보통 작가는 본인이 할 수 있는 역할에 더욱 집중하기 위해 스튜디오 체제를 도입했는데 그 선택으로 인해 원작 IP를 활용한 다양한 트랜스미디어로 확장이 가능해졌다.

콘텐츠의 씨앗은 결국 스토리에서 출발하고 스토리 또한 영상화를 고려해서 진행하는 것에 대해 강조한다. 그 부분을 더 특화하기 위해 스토리만을 위한 회사를 창업하였다. 각 회사는 프로세스를 통해서 협업이 이루어지는 것이다. 이처럼 시작은 1인 창작으로 창업 및 창작활동을 했지만 사업의 확장이나 창작물을 다양한 형태로 활용하는 콘텐츠 프랜차이즈를 위해서 다양한 협업이 발생하면 콘텐츠 제작 시스템과 프로세스는 더 이상 선택이 아닌 필수 요소가 된다.

콘텐츠 프로세스 사례 3 - 시의형

최근 메타버스라는 이름으로 4차 산업과 디지털 콘텐츠에 대한 열풍이 주춤했던 실감형 콘텐츠의 제작에도 다시 활기를 띠기 시작했다. 기존의 대표적인 가상 디지털 콘텐츠로는 게임이 주로 언급되었는데 현재는 게임 콘텐츠를 비롯해 다양한 체험형 콘텐츠를 모두 합쳐 실감형 콘텐츠라고 이야기한다. 그래서 앞으로 상용화되고 엄청난 시장으로 작동될 메타버스에서 콘텐츠 IP를 제공하거나 협업을 진행할 기회가 많이 가지게 될 것이다. 이에 실감형 콘텐츠 제작 프로세스를 이해할 수 있는 정보를 제공하고자 한다.

실감형 콘텐츠(Virtual Reality: VR)는 크게 2가지로 구분되며 HMD를 착용해 공간을 완전히 분리하는 형태와 카메라의 렌즈를 통해서 현재 공간에 가상의 오브제나 환경을 투영하는 증강현실(Augmented Reality:AR)이다. 최근에는 확장현실(eXtened Reality)이라는 용어로 통합되고 콘텐츠도 실감형 콘텐츠라고 통합해서 부르고 있다. 이런 실감형 콘텐츠도 게임 개발에 비해 개발 환경이나 사용하는 장비는 차이가 있지만 콘텐츠를 제작하는 프로세스는 크게 차이가 없다.

디지털 콘텐츠 제작은 대부분 앞서 말한 원팀형과 분업형이 복합되어 있는 형태라고 말할 수 있다. 전체적으로는 시간의 흐름에 따라 작업되는 프로세스라고 시의형이라 구분한다. 실감형 콘텐츠를 제작 및 서비스하기 위해서는 총 3단계의 프로세스를 거치게 된다. 프리 프로덕션, 프로덕션, 포스트 프로덕션 제작이 완료되면 온라인의 경우 라이브 서비스 단계로 넘어가며 이벤트 및 지속적인 서비스 플랜에 따라 진행된다. 이 또한 콘텐츠의 볼륨과 스펙에 따라서 각 단계의 스케일이 다를 뿐 전체적인 흐름은 동일하다.

Pre-Production	Production	Post-Production
컨셉 / 서비스	제작 마일스톤 #1	출시(Launch)
프로토타이핑	제작 마일스톤 #2	업데이트/패치
제작 계획 설계	제작 마일스톤 #3	이벤트

[도표] 실감형 콘텐츠 제작 프로세스

프리-프로덕션(Pre-production) 과정에서 아이디어 도출을 통해 플레이 컨셉을 정하고 플레이어의 플레이 시나리오를 기반으로 규칙을 정하는 시스템 기획을 진행한다. 여기에 배경과 주변 환경을 스토리텔링과 함께 설정을 하게 되면서 세계관을 형성한다. 세계관을 기반으로 비주얼 라이징 작업(설정한 부분을 이미지화하는 작업)을 통해 구체화하는데 프리-프로덕션 과정에서 결과물은 플레이가 가능한 정도의 프로토타입 제작을 목표로 한다. 이때 다양한 버전의 프로토타입이 만들어지며 테스트를 통해서 재미 검증 및 다양한 R&D를 진행하게 된다. 그리고 프로덕션 과정에 필요한 계획들을 준비한다.

이후 세계관에서 설정된 다양한 사물, NPC(Non-Player Character), 스토리 등을 완성하는 프로덕션 과정에 들어가며 정해진 결과물을 완성하는데 목표를 둔다. 프로덕션과정에서는 각 필수 기능들을 만들고 핵심 기능들 위주로 테스트하고 수정하는 것을 반복하면서 퀄리티를 높이게 된다. 프로덕션 과정에서 주요 콘텐츠들이 제작되며 콘텐츠들은 플레이어와 상호작용을 위한 기능과 조화가 이루어지는지 중요하다. 그것을 밸런스 작업이라고 하는데 프로덕션 후반부에 어느 정도 기능들이 완료되는 시점에서 작업을 할 수 있는 부분이다. 그리고 필요한 다양한 기본 데이터 또한 이 시점에 입력된다.

포스트 프로덕션(Post-production) 과정에서는 프로덕션에서 만들어진 콘텐츠를 검증하고 서비스를 위해 필요한 기능이 추가로 제작되며 테스트와 밸런스 작업이 주축이 된다. 그리고 사운드 및 연출 등이 추가되며 각 파트 별 폴리싱 작업을 통해서 안정적으로 작동할 수 있게 최적화 작업을 병행한다.

실감형 콘텐츠의 경우 고려할 점은 사용자 경험이 입체적으로 이루어지는 공간설계(Spatial design)에 있다. 기존의 게임은 인터랙션을 하는 대상을 기본으로 한다면, 실감형 콘텐츠는 플레이어가 존재하는 공간 자체와 공간 안에서 발생하는 상황에 대해 반응하는 인터랙션을 기본으로 한다.

이런 개념을 공간 컴퓨팅(Spatial computing)이라고 하며 XR 콘텐츠 개발에서 기본 개념으로 출발해야 한다. 그래서 기존의 애플리케이션은 개체가 3D 모델링이라도 사용자가 최종적으로 만나는 환경은 평면일 수밖에 없었지만 실감형 콘텐츠는 사용자가 입체적인 환경에서 상호작용해야 하는 형태이므로 기존의 UI/UX가 완전히 다른 방식으로 접근이 필요하다.

[이미지] 실감형 콘텐츠 UI/UX 디자인: https://fitxr.com

　기존의 소프트웨어들은 사용자가 보는 화면 표면에 UI를 통해서 정보 전달을 했다면 공간 컴퓨팅에서는 사용자가 보는 물건에 정보를 직접 표시하거나 알고 싶은 정보를 몸에 부착된 어떤 기능을 통해서 전달받을 수 있어야 한다는 것이다. 가상공간에서 사용자 시점으로 주변을 둘러보게 되는데 여러 가지 창이 뜨고 닫기를 반복하면 집중이 될 수 있을까?

　즉 몰입형 콘텐츠에서 UI는 몰입에 방해되는 요소로 작동하지 않게 설계해야 하는 고민이 기획에 추가되어야 한다. 물론 이런 부분도 결국 익숙해지면 메타포가 형성되어 자연스럽게 받아들여질지 모르겠지만 아직은 실감형 콘텐츠의 수요와 사용자층이 적어 연구가 많이 필요한 부분이다.

[이미지] 마이크로소프트홀로렌즈2

메타버스가 메가 트렌드화 되면서 디지털 실감형 콘텐츠 제작도 다시 활기를 되찾기 시작했다. 각 매체에서 메타버스 관련 산업을 폭발적으로 다루기 시작하고 팬데믹 상황이 오래 지속되면서 기존의 산업이 빠르게 비대면 위주의 산업으로 전환되는 계기를 통해 메가 트렌드로 자리 잡게 된 것 같다. 하지만 메타버스에 대한 지나친 환상을 심어주는 것 같은 우려도 든다. 메타버스의 필요성과 변화에 대한 부분은 공감이 가지만 무조건 황금알을 낳는 거위 같은 환상을 가져서는 안 된다. 2010년대부터 메타버스의 시도는 이미 있었고 과도기를 거쳐 이제서야 컨버전스 되면서 활기를 찾고 있을 뿐이며 앞으로 해결해야 할 여러 문제도 존재하고 있음을 인식하고 접근하길 바란다.

문화 콘텐츠 창작을 통한 창업을 진행하고 있거나 현재 자신이 보유하고 있는 문화 콘텐츠 IP를 확장하여 수퍼 IP로 확장하고자 한다면 기본적으로 각 문화 콘텐츠 유형별 프로세스를 이해하고 경험하는 것이 필수이며 제작 프로세스의 획기적인 변화를 주고 있는 최신 기술 동향을 이해하는 부분도 콘텐츠 제작 시 알아야 할 중요한 부분임을 명심하자.

PART. IV

START
UP 이렇게
성장한다

어디에 팔아야 하는가?

페어(Fair) 및 전시회 참여

기업들은 회사를 알리고 제품을 홍보하기 위해 다양한 페어에 참가한다. 작가들도 마찬가지다. 고객과 소통하고 이름을 알릴 수 있는 전시 등에 직접 참여하여 제품 판매를 직접 해보고 고객들을 만나 본다면 현장의 생생한 목소리를 들을 수 있다. 기업뿐만 아니라 작가들도 고객과 직접 소통하는 경험이 필요하다. 다른 회사의 제품을 살펴보며 트렌드를 익혀두면 소중한 자산이 된다. 종종 페어에서 사람들의 눈에 띄어 백화점 입점의 기회를 얻는 경우도 있으며 신규 거래처가 생기기도 한다. 매일 상담 일지와 판매 내용을 적는 시트는 반드시 준비해서 활용하도록 하자. 전시 이후 정산과 인맥 관리를 하는 데 있어서 큰 도움을 받을 수 있다.

행사명	내용
공예트렌드페어	"가장 효과적인 공예 비즈니스 전시회" KCDF에서 주관/매년 11월
청주공예비엔날레	"공예의 도시 청주"/청주공예비엔날레 조직 위원회 주관/2 년에 한번 개최/2년에 한번 개최
K-핸드메이드 페어	12월 서울 코엑스, 7월 부산 벡스코에서 개최
k-일러스트레이션 페어	2월 서울 코엑스
핸드아티 코리아	7월 서울 코엑스/11월 수원메쎄에서 개최
서울 일러스트레이션 페어	12월 코엑스
캐릭터 라이센싱 페어	11월 코엑스
한복 상점	11월 문화역 서울 284

[표] 주요 공예 및 디자인 전시회 리스트

페어 참가신청 시 부스비가 필요한 경우가 있는데, 각 지역의 구청에서 비용을 지원해 주기도 한다. 보통 연초에 공모를 통해 진행하고 있으니 찾아보고 부스비를 지원받자. 공예트렌드 페어에서는 공예공방관 선정을 통한 부스비의 일부를 지원한다. 또한 창업보육센터별 관련 페어 지원도 있다. 페어에 참가하게 되면 디스플레이 및 홍보물 제작 관련 역량도 향상시킬 수 있다. 이외에도 다양한 분야의 전시가 있으니 검색을 통해 관심 분야의 정보를 수시로 챙겨보고 정리해 놓자.

오프라인 판매를 희망할 때 - My Masters

 핸드메이드 제품이나 디자인 상품 중 고가의 제품들은 백화점에서의 판매가 필요할 때가 있다. 직접 백화점의 브랜드 코드를 따서 들어가는 것도 방법이지만 방법을 모르거나 직원을 여럿 두고 운영하기 힘든 상황일 경우 벤더사를 찾아볼 수 있다.

그중 하나인 마이 마스터스는 전국의 백화점 내 매장을 운영하며 작가와 소비자를 연결하는 에이전트의 역할을 하고 있다. 백화점 매장에서의 판매 및 문화센터 교육 진행, 전시 및 B2B 판매 등을 돕고 있는 회사로 백화점 판매가 필요할 때 사이트에 접속하여 작가 참여 신청을 할 수 있다.

도전하라.
누가 나의 고객인지 가장
빠르게 알게 될 것이다.

친환경 트렌드를 반영한 시제품을 만들어보자

2021년은 메타버스 등과 함께 본격적인 친환경 경영(ESG) 시대가 시작된 원년이라 하겠다. 이에 많은 대기업과 정부 지원 사업이 진행되고 있고, 내가 가진 컨텐츠를 친환경 분야와 연계 또는 콜라보레이션(Collaboration)하여 새로운 사업 전환의 계기를 마련할 필요가 있다.

창업아이템을 찾았다면 해당 아이템으로 창업 후 매출과 고용이 뒤따르는 것이 순서이다. 이 중 가장 중요한 것이 매출이고, 매출을 일으키기 위해 여러 가지 준비와 다양한 시도가 필요하다. 먼저 필요한 것이 '시제품' 또는 'pre-open 서비스'이다. 시제품이 있어야 사진 촬영 등을 한 후, 제품 소개서를 만들 수 있으며 입점 및 투자유치의 가능성이 높아진다. 이러한 시제품 제작을 지원하는 사업 중 친환경 트렌드를 반영한 지원 사업 사례를 통해 협업 방법 및 지구를 살리는 친환경 트렌드 창업에 대해 알아보기로 한다.

지구도 나도 살리는 친환경 시제품 제작 및 협업

시제품 제작사업 중에서 컨텐츠 업체와 제조업체가 서로 매칭하여 친환경 융복합 시제품을 만드는 사업 소개와 함께, IP와 제조사의 협업 과정 및 시제품 제작 시 주의할 점을 알아보자. 이 사업은 콘텐츠 기업과 제조기업의 융복합을 통해서 에코 및 환경분야의 우수한 융합제품 및 아이디어를 발굴하여 시제품 제작 비용을 지원하고 있다.

[이미지] 친환경 및 환경콘텐츠 분야 시제품제작 지원 사업 포스터

OSMU가 가능한 콘텐츠 IP 보유기업과 콘텐츠를 결합하고 싶은 경기도 소재 제조·디자인·제품 분야 기업을 선정한 후 사전 컨소시엄을 통해 매칭 시켜 융복합 친환경 시제품을 제작하게 하는 것으로, 콘텐츠 기업에서는 콘텐츠 IP의 확대 적용 및 로열티 확보가 가능하고, 제조기업에서는 제품 영역의 확장이 가능하다는 장점이 있다.

콘텐츠IP

제조

친환경 콜라보 제품

[이미지] 친환경 콜라보레이션 제품의 구성

지원 가능한 콘텐츠(IP)로는 애니메이션, 캐릭터, 교육(애니-캐릭터 활용), 웹툰, 게임, 웹 소설 등이며, 콘텐츠 및 제조기업 모두 창업 7년 미만 기업이어야 지원 가능하다. 2020년의 경우 비건보습 화장품, 재생가죽을 이용한 에코 미니백, 교육키트, 방역마스크키트, 3D 페이퍼 토이, 카시트, 살균수 생성기, 에코 워크 백 등 환경을 지키는 새로운 시제품을 만들어내었고, 결과물을 디지털 인덱스북 등으로 만들어서 관련 기관에 배포하여 성과도 널리 알려주고 있다.

이 사업의 가장 매력적인 점은 콘텐츠 기업과 제조기업이 서로 매칭할 기회를 준다는 것이다. 오프라인이나 줌(Zoom)으로 미팅하여 서로의 역량과 기존 포트폴리오에 대해 의견을 나누고 조율할 수 있어, 기업들은 성공적인 친환경 시제품을 만들 수 있는 가능성을 높일 수 있다. 비록 매칭이 성사되지 않아 친환경 시제품을 만들지 못하더라도 우리 기업을 알릴 수도 있고, 다른 기업에 대한 이해도도 가질 수 있다는 긍정적인 측면은 여전히 존재한다.

협업 시 주의할 점

1. 저작권, 상표권, 디자인권의 확인

캐릭터의 경우 콘텐츠 업체가 캐릭터에 대해 저작권을 보유하고 있는지 반드시 확인하고 시제품 제작에 들어가는 것이 필요하다. 저작권을 보유한 상태에서 그 캐릭터를 적용한 제품의 디자인권을 받는 것이 일반적인 프로세스인데, 저작권을 보유하지 않았을 경우 디자인권 등록이 어려워서 차후 제품 양산 시에 예기치 못한 상황이 발생할 수 있기 때문이다.

콘텐츠 업체와 제조업체가 의기투합하여 새로운 브랜드를 만들어낸 경우라면 상표권을 등록하되 콘텐츠 업체와 제조업체가 비율을 합의하여 상표권 등록을 할 수 있다.

2. 콘텐츠 제작 과정과 제조 과정의 이해

이미 만들어진 IP 콘텐츠를 기존 제품에 적용하여 만드는 시제품이라 할지라도 해야 할 일은 꽤 많다. 우선 기존 IP 콘텐츠를 제품에 적용하기 위해서 컬러와 모양, 스타일 등을 제품의 소재와 형태, 제작방법 등에 따라 변형해야 하기 때문이다. 제품 또한 콘텐츠가 있었던 제품이냐, 없었던 제품이냐에 따라 공정의 변화가 생길 수도 있고, 소재와 컬러 등의 제품 구성요소를 바꾸어야 할 수도 있다.

이러한 제조과정을 보다 쉽게 차분히 상대 기업에게 상세하게 설명할수록 시제품 제작 시 오차가 발생할 가능성이 낮아져 만족스러운 결과물이 제작된다.

각 사의 제조과정과 프로세스를 공유했다면 다음에는 이를 토대로 세부적인 제작일정을 반드시 잡아서 확실히 공유하는 것이 필요하다. 협업을 기본으로 하는 사업이지만 우리 분야의 일정을 더 챙길 수밖에 없는 것이 현실이다. 이런 협업방식은 꼭 시제품 제작사업에서만 발생하지 않는다. 이후 콜라보레이션(Collaboration) 프로젝트 등 협업이 필요한 사업을 진행할 경우를 미리 경험해본다 생각하고 일정을 짜야 하며, 지원 사업 결과물 제출일 최소 일주일 전에 결과물이 나올 수 있도록 일정을 확보해야 인쇄가 잘못 나오는 등의 돌발 상황에 대비할 수 있을 것이다.

START-UP TIP

- MVP(Minimum Viable Product)는 최소 기능의 제품을 말하는데 콘텐츠에서 컨셉 증명(Proof Of Concept)을 통해서 해당 콘텐츠에 대한 여러 가지 확인이 가능하다.

- 콘텐츠의 핵심가치나 기술, 스토리를 확실하게 전달할 수 있는 형태의 POC를 제작하고 소비자에게 피드백을 받아보자.

- 온라인 게임 콘텐츠의 경우 클로즈드 베타테스트(CBT), 포커스그룹테스트(FGT), 오픈베타테스트(OBT) 이처럼 사용자들과의 직접적인 만남을 통해서 적극적인 피드백을 받는다면 그만큼

콘텐츠의 성공 확률이 올라간다.

- 문화 콘텐츠를 기획하고 준비하고 있다면 유튜브를 통해 POC의 피드백도 받아보자.

3. 이후 판로 확보

모든 지원 사업에 임하는 마음가짐이 동일해야 하겠지만, 단순히 정부 지원 사업 비용을 타내서 인건비와 재료비 등을 충당해야지 하는 마음으로 사업을 진행해서는 미래가 밝지 않다.

시제품을 만든다는 것은 앞서 언급했듯이 제조업체의 기술력이나 콘텐츠 기업의 IP 친화력(적응력)을 외부에 알려서, 기업에 가장 중요한 매출을 창출하는 원동력을 만드는 것이다. 시제품 제작 기회를 최대한 활용하여 기업의 최대 능력치를 끌어모아 팔릴 만한 멋진 제품을 만드는 것이 최우선 과제여야 한다. 그 이후에는 타겟 고객층을 고려하여 판로의 방향성을 가지고 제작협의를 하는 것이 좋다.

일반적인 B2C 인지 B2B 인지, 공공기관 대상 인지부터 시작하여 오프라인, 온라인 – 폐쇄몰, 자사몰, 오픈마켓 – 및 라이브 커머스까지 날로 다양해지는 판매망과 플랫폼에 대한 이해를 가지고 판로를 고민하여 타겟과 플랫폼에 맞는 시제품을 만드는 것이 필요하겠다.

친환경 분야 대기업 창업 지원

2021년 들어 급증한 친환경 분야에 대한 관심은 정부와 기관, 기업의 지원이 늘어나는 결과로 이어졌다. 창업 지원 기관 및 정보를 잘 파악함으로써 혁신적인 친환경 창업 아이템을 발굴할 필요가 있다. 예전부터 친환경 분야 기업 지원을 준비해왔던 LG와 GS 홈쇼핑을 포함, OB맥주와 KT&G, MG까지 가세하여 친환경 분야에 대한 관심을 보여주고 있다. 대기업 창업 지원 기관의 장단점을 파악하여 관심 있는 아이템에 맞는 지원 기관에 문을 두드려보자.

1. LG 소셜캠퍼스

LG소셜캠퍼스는 사회적 경제와 벤처기업의 성장을 위해 LG전자, LG화학이 조성하고 사단법인 PPL이 운영하는 친환경 소셜 복합공간이다. 혁신적이고 공익성이 높은 친환경 사회적 경제기업에 대해 성장지원, 금융, 공간과 인재육성을 위한 교육 및 공모전 등을 제공한다. 환경 가치를 창출하는 기업을 대상으로 기업별 최대 5천만 원, LG소셜펠로우 선정 기업을 대상 기업별 최대 1억 원(무이자 대출 지원)을 제공하며, 고려대학교 산학관 내 공간 지원을 통해 활발한 네트워킹 및 성장 지원을 독려하고 있다.

2. GS SHOP 에코 소셜임팩트 프로젝트

GS홈쇼핑이 사회 공헌 활동의 일환으로 진행하는 'GS SHOP 에코 소셜임팩트 프로젝트'는 지속 가능한 환경 제조 분야 소셜벤처를 창업하고 싶은 예비 창업자나 초기 스타트업을 돕는다. 2017년 '소셜임팩트 프로젝트'로 시작해 2020년부터 환경 분야에 중심을  두고 프로젝트를 진행하고 있다. 1억 원 상당의 사업화 지원금과 창업교육을 지원하고 창업팀의 성장을 위한 자원 연계와 판로 개척으로 이어지는 지속 가능한 프로젝트 지원을 위해 애쓰고 있다.

3. 오비맥주 X 서울창업허브 start-up meet up 공모전

오비맥주가 ESG 경영의 일환으로 3년째 진행하고 있는 스타트업 밋업(meet up) 공모전은 ESG 경영 철학에 기반한 상생 비즈니스 모델을 구축하고 다양한 스타트업에게 협업 기회 및 액셀러레이팅 프로그램을 지속적으로 지원하기 위해 만들어졌다. 사업화 지원금 및 글로벌 진출 지원금, 사무공간 등의 후속 지원도 서울창업허브를 통해 제공될 예정이다.

4. KT&G 상상 스타트업 캠프

상상 스타트업 캠프는 사회문제를 비즈니스로 해결하는 사회혁신 스타트업 창업을 희망하는 청년들을 발굴하고 육성하는 프로그램이다. 사회혁신 창업 노하우가 담긴 14주의 교육을 통해 사회혁신 창업가로서 성장을 돕는다. 특히, 전·현직 창업가들의 팀별 전담 교육과 분야별 전문 멘토링과 코칭을 제공한다. 우수팀에겐 청년창업 전용 공간 'KT&G 상상 플래닛' 입주 지원과 투자유치 연계 등 경쟁력 강화를 위한 다양한 후속 지원도 제공할 예정이다.

5. MG(새마을금고중앙회) - 청년이 그린(Green) 창업캠프

새마을금고는 ESG경영으로 전환을 맞이하여 환경문제 해결에 일조하고 환경 및 사회적 기업에 대한 지원을 통해 지역사회의 어려움을 나누는 동반자가 되겠다는 일념으로 2021년 청년이그린창업캠프를 개최했다. 'MG희망나눔 소셜 성장 지원 사업' 4기의 Starter 트랙으로, 추후 선발될 Runner 트랙의 20개 기업과 함께 사업 자금 및 사업 단계별 성장 지원을 받게 될 예정이다.

LG 소셜캠퍼스 ⸺⸺⸺⸺⸺⸺⸺⸺

GS Shop 에코소셜임펙트 ⸺⸺⸺

OB 맥주X서울창업허브 ⸺⸺⸺⸺

KT&G 상상스타트업캠프 ⸺⸺⸺

청년이그린캠프 ⸺⸺⸺⸺⸺⸺⸺⸺

친환경 분야 창업 지원 기관

친환경 창업을 준비하거나 성장을 위해 지원하는 기관의 동향을 파악하여 지원 가능한 사업을 알아보고 지원 자금과 소재 및 판로 개척 등을 할 수 있는 성장 지원을 받아보자.

1. 서울새활용프라자

서울새활용플라자는 재활용(Recycle)을 넘어 새활용(Upcycle)에 대한 모든 것을 보고, 배우고, 경험할 수 있도록 만든 새활용 복합 문화 공간으로 아직은 많이 알려지지 않은 새활용에 대한 환경적, 사회적, 경제적 인식을 알리고, 업사이클링 기반 산업의 생태계를 만들기 위해 개원한 기관이다. 서울새활용플라자에서 친환경 창업 지원 및 관련 아이템을 알아보기 위한 방법은 여러 가지가 있다.

(1) 소재은행(Material Bank) - 업사이클 소재 거래 및 유통, 소재 프로그램, 소재 가공실 운영을 통해서 버려지는 폐기물이 업사이클 상품으로 재탄생되기 위한 아이디어와 경험을 얻을 수 있는 곳이다. PVC 소재로 강아지산책가방을 만들었던 이로운펫이라는 중소기업이 소재은행에서 업사이클 데님을 구매하여 업사이클링 데님 산책가방을 만든 사례도 있다.

(2) 시제품 제작지원 프로그램 - 새활용 소재를 활용한 제품 제작 또는 자원순환, 재활용 촉진을 위한 제품화 제작에 우수한 아이디어를 가지는 새활용 메이커 또는 기업에게 꿈꾸는 공장이 시제품 제작을 지원하는 사업이 있다.

(3) 제로 숲 및 전시 판매 - 서울 제로웨이스트 전시 및 체험, 자원순환 활동을 하는 체험 프로그램으로 제로 웨이스트 제품 입점의 기회 및 전시 판매를 할 수 있다.

 소재은행을 통해 제품을 만든 사례

2. 환경산업협회

환경산업협회는 환경산업체의 육성을 위해 '업사이클 산업 육성 지원 사업' 및 환경기업의 해외 진출을 위해 '우수 환경기업 해외 수출 기업화 지원 사업' 등을 추진하고 있는 환경부 지정 협회이다. 특히 업사이클 산업 육성 지원 사업은 소재 기업과 업사이클 기업으로 나누어 지원하고 있으며 업사이클 전방 사업 활성화에 노력하고 있다.

3. 광명경기문화창조허브

에코디자인 및 콘텐츠 융복합 창업 생태계 조성을 위해 광명시에 설립되어, 환경과 콘텐츠 산업에 대한 다양한 교육, 멘토링, 자금 지원을 통해 '지구를 지키는' 창작과 창업을 지원하는 기관이다. '친환경 융복합 비즈니스 시제품 제작사업'을 통해 친환경 분야 컨텐츠 기업과 제조기업의 시제품 제작, 멘토링 등을 지원하고 있으며, 광명 업사이클아트센터와 광명동굴 관광자원을 활용하여 매년 지구를 지키는 환심 상인을 모집하여 판로개척과 마케팅 지원을 하고, 입주기업을 모집하여 사업화, 컨설팅, 멘토링 등을 지속적으로 제공하고 있다.

친환경 분야 전시회

코로나19(COVID-19)로 인해 최근 전시회는 대부분 온라인으로 전환되거나 취소되었다. 그럼에도 불구하고 친환경 분야 산업 성장 및 지원을 위해 전시회가 개최되고 있으니 관련 분야 동향 습득 및 네트워킹, 이후 참가 등을 위해 방문해 보는 것이 좋겠다.

1. 경기환경산업전(Eco Fair Korea)

"위기를 극복하는 환경산업, 미래를 준비하는 탄소중립"이라는 캐치프레이즈 하에 환경산업 육성 및 환경기업 경쟁력 강화, 중소 환경기업 지원 및 환경산업 활성화를 통한 고용 창출, 해외 바이어 추청 등 우수 환경기업의 판로 개척 및 해외시장 진출을 지원하는 전시회이다. 코로나19(COVID-19)로 인해 작년과 올해 모두 오프라인 전시에서 온라인 전시회로 개최되었지만 매해 꾸준히 열리면서 국내 우수 환경기업과 공공기관, 대기업 구매 및 계약 담당자가 참여하는 환경산업 마케팅의 장이라 할 수 있다.

2. 대한민국 친환경대전(http://k-eco.or.kr)

 올해 친환경대전은 지난해와 같이 코로나19 예방과 녹색제품 판매 활성화를 위해 친환경대전 누리집과 △네이버 △인터파크 △홈플러스 △우체국 쇼핑 △더현대 닷컴 등 온라인 쇼핑몰에서 진행된다. 온라인 쇼핑몰에서는 친환경대전 참가기업의 제품을 소비자들이 쉽게 구매할 수 있도록 라이프 쇼핑과 온라인 판매전이 마련됐다.

성장을 위한 정부 지원 사업의 전략적 접근

초기 단계의 창업자로서 준비해야 하는 기본 사항은 팀 빌딩 (Team-building)을 비롯해 여러 가지가 있지만 향후 정부 지원 사업을 원활하게 받기 원한다면 다음의 내용을 전략적으로 준비해 보는 것이 필요하다.

1. 공간 지원 기관 입주

창업보육센터 및 지방자치단체 일자리 센터, 공공기관 내 가상 오피스 등 주변 시세보다 낮은 임대료, 임대료 없이 관리비만 납부, 임대료 및 관리비 모두 무료 등 다양한 조건의 공간 지원 사업들이 있다. 입주 조건이 좋을수록 보다 엄격한 절차를 거쳐 선발을 하게 되고 이때 사업계획서 제출은 필수다.

이러한 공간에 입주함으로써 가지는 가장 큰 장점은 지원 사업계획서 첫 페이지에 작성되는 사업장 주소지를 기초 검증은 된

기업으로 볼 수 있다는 점이다. 환경, 일자리 등 창업자와 관련된 사업을 진행하는 입주기관이면 더욱 금상첨화. 입주자들을 대상으로 하는 다양한 지원 사업과 교육, 멘토링(Mentoring), 편의시설 제공 등을 통해서도 많은 정보를 얻는 것은 덤이다.

2. 지식 재산권 확보

초기 창업자라면 저작권과 상표권 정도의 출원이 가능한데 우선 저작권의 경우, 한국저작권위원회를 통해 등록할 수 있으며 출원 이후 대개는 10일 이내에 등록이 가능하며 비용도 23,600원으로 저렴하다. 상표권은 '특허로'에서 제공하는 프로그램을 이용해야 하지만 각종 검색엔진 등에서 알아보아 혼자서도 충분히 상표권 등록을 직접 할 수 있으며, 직접 출원 시 1건당 비용은 56,000원으로 전문가에게 맡기는 것보다 훨씬 저렴하다. 물론 출원을 하는 과정에서 주의하거나 사전에 숙지해야 하는 내용은 있지만, 인터넷상에 자료를 충분히 검토한다면 충분히 혼자 진행이 가능하다.

지식 재산권 등록을 해야 하는 이유는 기본적으로 자신의 저작물에 대한 법적인 보호가 필요함과 동시에 정부지원 사업계획서 내 지식 재산권 보유 여부가 들어가 있기 때문이다.

3. 다수의 사업 지원

동일한 창업 아이템은 대부분 규정에 의해 한 번만 지원받을 수 있다고 알고 있을 것이다. 하지만 창업 분야마다 다르지만 현실적으로 일반적인 캐릭터 콘텐츠를 보유하고 있는 1인 창업자의 경우, 1년 동안 지원할 수 있는 사업은 40여 개 정도이며, 선정되어 수행할 수 있는 사업은 20개 내외가 가능하다.

사업 선정 결과를 알고 나서 다음 사업 사업을 신청하면 좋겠지만 대체적으로 지원 사업의 접수 시기는 비슷하기 때문에 동시에 다수의 지원 사업에 대한 사업계획서를 작성해야 하는 어려움이 있다. 그래도 모든 사업이 안 되어 떨어지는 것은 어쩔 수 없지만 모든 사업이 선정되었음에도 중복 지원으로 선정된 사업을 포기하는 일이 있어서는 안 된다.

다수의 사업에 지원하기 위해서 신경 써야 할 부분은 (1) 대표자의 참여율 분배 (2) 분야별 상이한 사업 결과물 도출을 위한 시장과 트렌드 현황 분석 (3) 국가, 지역, 연령별 타깃 설정 (4) 분야별 참여 인력 확보 (5) 원천 콘텐츠로부터 파생된 다수의 2차 창작물 여부 등이다.

4. 지원 사업의 공지와 선정 기준에 대한 이해

창업 준비 전 1년 동안은 이전 정부 지원 사업에 대한 리서치를 통해 창업 이후 자신의 지원 트랙을 설정하고 그에 필요한 인프라를 확보하고 시장의 트렌드 조사가 필요하다. 가장 중요한 것은 지원 사업의 공지와 선정 기준에 따른 득점을 이해하는 것이다.

사업 공지 확인 후 즉시 해야 하는 일은 사업의 취지, 목적, 의도가 자신이 추구하고자 하는 사업화 방향과 유사한가이다. 일치

하지는 않아도 '유사하다' 정도라면 충분히 자신이 목표로 하는 결과물의 형태로 제작이 가능하다.

사업의 방향이 어느 정도 유사하다면 사업계획서 작성 항목 중 '참여율'이 있는지 확인해야 한다. 특히 인건비 지급이 되는 사업의 경우에는 참여율이 포함된 경우가 많다. '참여율'이 표기되어 있는 모든 정부 지원 사업의 총 참여율은 100%를 넘을 수 없다. 이는 중복으로 인건비를 받지 못하게 하는 장치이기도 하지만 실제로 작성자 스스로가 100%를 넘게 일을 하기는 쉽지 않기 때문이다.

정부 지원 사업은 상대평가 경쟁을 통해 선정되기에 해당되는 가점항목이 있는지도 살펴봐야 한다. 대개 여성창업, 사회적 기업, 만 39세 미만의 대표자, 지역 사업자 기업에게 가점이 있다. 가점을 받기 위해 전략적으로 사업장을 지역으로 옮기는 경우도 있는데 일부 사업의 경우 지역에 사업장이 있다는 것만으로 3점을 확보할 수가 있다. 3점은 충분히 합격, 불합격을 가릴 수 있는 수준의 점수이다.

성장 지원 사업의 분야별 사례

1. 친환경 분야 성장 지원 사업 - 경기콘텐츠진흥원의 지구를 지키는 창업-콘텐츠 편

환경을 주제로 하는 콘텐츠 사업화 아이디어를 보유한 일반인 및 7년 미만의 사업자를 대상으로 최대 2천만 원의 사업비가 차등 지급되는 사업이다.

구분	관련설명	비고
공모대상	– 환경을 생각하는 콘텐츠 사업모델을 보유한 창작자/스타트업 등	
공모내용	– 환경을 주제로 한 콘텐츠 아이디어 중 사업화가 가능한 모델 – 환경 분야 기술제품과 콘텐츠 결합 아이디어 중 사업화가 가능한 모델 – 지속적으로 생산 가능한 환경 분야 콘텐츠 중 사업화가 가능한 모델	
지원사항	– 사업화 지원금 지급: 총 15개월 내외 선정, 기업당 최대 20,000천원 차등지원, 총 115,000천원 규모 – 최종 선정된 우수콘텐츠 사업모델 홍보 영상 제작 지원 – 사업화 지원 프로그램 사업화를 위한 전담 코데네이터 비즈니스/환경/콘텐츠 분야 전문 멘토링 콘텐츠 매칭 상담회 창업교육, 비즈니스 특강 등 – 광명경기문화창조허브 가상오피스(사업장 주소지 제공) 연계 지원 – 우수 사업의 경우 허브 타 지원사업 가산점 제공 등 연계지원, 후속지원 (해커톤, 콜라보제품개발지원, 플리마켓입점, 홍보마케팅지원 등)	구성원수: 제한없음
의무사항	– 사업화지원금집행 후 정산보고서 및 감사보고서 제출 필수 – 사업화 지원 프로그램 참가 필수 (의무출석 추후 안내) – 선정 3개월 이내 경기도내 창업 (또는 이전) 필수 (가상오피스 지원 가능)	

[표] 지구를 지키는 창업 – 콘텐츠편 공모 정보

해당 사업은 환경 산업과 콘텐츠의 융복합 콘텐츠에 대한 비즈니스 모델을 만들어 사업화가 가능한 '아이디어를 공모' 하는 사업이다. 모집 공고문을 꼼꼼히 살펴보면 사업계획서에 대한 접근 방법이 나와 있다고 해도 과언이 아니다. 지원 사업에 선정되면 지급되는 지원금에 비해 창작자 입장에서는 필요 이상의 과도한 증빙 서류 작성과 제출에 스트레스를 받을 수 있다. 그렇기 때문에 지원 사업이라고 다 지원하기보다는 선정 이후 재미있으면서도 무엇보다 시간이 아깝지 않은 사업에 지원해야 한다.

공고에 고지된 사업목적은 '환경 산업과 콘텐츠의 고부가가치 융복합 콘텐츠 비즈니스모델 창출 및 육성'이다. 즉 환경문제에 대한 어떤 형태로라도 해결에 도움을 줄 수 있고, 수익성이 높은 지속 가능한 콘텐츠를 개발하라는 의미이다. 사업의 분야가 시제품을 만들거나 기술 중심의 사업 또는 사업비가 높다면 물리적인 환경 오염을 직접 해결하는 방향으로 접근할 수 있지만 이 사업은 기본적으로 교육적인 메시지를 통해 사람들의 의식 변경과 실천으로 이뤄질 수 있는 재미있고 접근성이 높은 콘텐츠를 개발하는 쪽으로 보는 것이 좋겠다.

이렇게 지원금이 낮거나 일반인 참여가 적은 사업에서는 사업화나 수익창출과 관련된 심사항목에 대한 비중이 적은 편이다. 이 사업은 아이디어를 공모하는 사업이기에 아이디어 자체에 대한 기획력과 활용 가능성, 우수성 및 파급력이 50%의 배점을 차지한다는 것도 타 사업과 다르게 접근해야 한다.

구분	심사기준	배점	비고
공모대상 공모내용	콘텐츠 적합성 및 참신성 - 콘텐츠가 사업목적과 부합하는가 - 기존 콘텐츠와 차별되어 구성이 참신한가?	25	
	콘텐츠 예술성 및 주체의식 - 콘텐츠가 예술적으로 우수한 가치를 보여주는 가? - 콘텐츠의 주제의식이 얼마나 환경과 관련이 있 는가?	25	
사업성	아이디어 기획력 및 활용가능성 - 아이디어 기획력이 우수한가? - 아이디어가 일상생활에서 활용될 가능성이 높 은가?	25	
	아이디어의 우수성 및 파급력 - 아이디어(콘텐츠)가 완성도가 높으며 내용이 우수한가? - 아이디어(콘텐츠)가 시장성이 있고 화제가능 성이 있는가	25	
		100	

[표] 지구를 지키는 창업 - 콘텐츠편 사업 심사 기준표

2. 캐릭터 분야 성장 지원 사업 - 한국콘텐츠진흥원 신규캐릭터 IP개발지원 사업

한국콘텐츠진흥원의 신규 캐릭터 IP개발지원 사업은 창의적인 신규 캐릭터 IP 개발 및 산업 진출 확대를 통한 콘텐츠의 창작역

량 강화와 라이선싱(Licensing) 산업 저변 확대를 목표로 한다. 자신의 캐릭터 콘텐츠를 가지고 있고 1인 사업장을 보유한 창작자가 지원하기에 적합한 사업이다. 해당 산업분야의 현실에 대한 이해가 높은 기관의 지원 사업답게 대표자의 인건비까지 쓸 수 있도록 변경되어 지원 매력도가 높으며, 사업 종료 이후 비즈매칭, 데모데이(Demo-day) 등의 추가 지원이 있어 향후 많은 지원금 사업으로 확장할 여지가 높다.

특히 한국에서 가장 많은 수의 창작 분야인 캐릭터 일러스트레이션 분야에서 자신이 창작한 캐릭터가 라이선싱을 통한 사업화가 가능하다는 점이 매력적인 사업이다. 창의적 사고는 '과거의 경험을 이용하여 미지의 새로운 결론이나 새 발명을 끌어내는 사고 과정'이라고 한다. 이를 토대로 기존 사례들에 대한 분석을 통해 창의적 캐릭터를 도출해 내는 것이 필요하다.

아울러 IP 개발이 가능한 대표자와 내·외부 인프라의 역량이 필요하다. 이미 진출하고 있는 산업에 대한 진출을 '확대'한다는 의미에서 캐릭터는 창의적이며 신규이지만 진출하고자 하는 산업에 대해서는 창작자로서, 사업자로서 최소한 창작 활동을 한 이후 생존을 위한 '상황에 따른 최선'의 진출 성과가 있어야 한다.

구분지표	세부지표	내용	참고자료	배점
수행기관	수행관리체계구축	구체적이고 실효적인 수행관리체계 마련 여부	수행관리계획서	5점
	기관전문성	유사과제 수행경험을 감안한 전문성 확보 기업 여부	유사과제 수행이력	10점
참여인력	참여인력 확보	참여인력 확보(정규/비정규/용역) 여부	참여인력구성표, 근로(용역) 계약서(의향서 포함)	5점
	참여인력 참여율	참여인력의 참여율 적정성	참여인력구성표(참여율)	5점
	참여인력 전문성	참여인력의 유사과제 수행경험(또는 학위) 여부	참여인력구성표(경력,학력)	10점
사업비	사업비 규모	실제 소유 사업비 규모의 적정성	실 소요 사업비 구성표	5점
	국고지원금 편성	국고지원금 편성내역의 사업목적 부합 여부	사업비 예산편성표	10점
과제기획력	과제 이해도	목표 시장 및 과제내용의 사업목적 부합 여부	수행계획서	10점
	기획 독창성	기획된 과제의 차별성과 참신성		10점
	기획 완성도	기획안의 착수 개시 가능 수준의 구체성, 현실성 확보 여부		10점
과제내용	작품성(예술성)	작품 자체가 갖는 예술적 가치(Quality) 확보 여부	수행계획서	5점
	대중성(상업성)	일반 대중이 호기심을 느끼고 공감하는 정도		5점
	완성도	질적으로 완성된 정도		5점
	경쟁력	시장의 타 작품과 경쟁하여 이길 수 있는 정도		5점
		합계		100점

[표] '신규캐릭터 IP개발 지원 사업' 서면평가 기준표(출처: 한국콘텐츠진흥원)

구분 지표	세부지표	내용	참고자료	배점
수행기 관 (20)	수행관리 체계구축	구체적이고 실효적인 수행관리체계 마련 여부	수행관리계획서	5점
	재무건전성	기업신용데이터 정보조회(배점 5점)	신용분석결과	5점
	추진의지	수행책임자의 추진의지는 명확하고 확고 한가	발표내용	10점
참여인 력 (10)	참여인력 확보	참여인력 확보(정규/비정규/용역) 여부	참여인력구성표, 근로(용역)계약서 (의향서 포함)	5점
	참여인력 전문성	참여인력의 유사과제 수행경험(또는 학위) 여부	참여인력구성표(경 력,학력)	5점
과제내 용 (20)	독창성	작품내용의 차별적이고 참신한 정도	수행계획서	5점
	대중성 (상업성)	일반 대중이 호기심을 느끼고 공감하는 정도		5점
	완성도	질적으로 완성된 정도		5점
	경쟁력	시장의 타 작품과 경쟁하여 이길 수 있는 정도		5점
기대성 과 (40)	투자매력도	투자유치 가능성	수행계획서	10점
	대중적 성과	대중들의 해당과제 소비, 향유 정도		10점
	글로벌 진출성과	기대되는 해외진출(해외판매, 서비스 등) 실적		5점
	확장가능성	OSMU/크로스미디어/트랜스미디어 등 콘 텐츠 확장성		15점
사회적 가치 (10)	일자리창출	국가 최우선 시책인 일자리 창출 기여도 : 총 5점 (본 과제를 위한 일자리 창출 계획 보다는 콘텐츠 분야 일자리 창출에 기여 한 기업 우대하려는 방침) 전년보다 일자 리 수가 순증한 경우에만 증빙제출 (ex) 전년대비 미제출-감소-동일 0점, 1명~2명 1점, 3~4명 2점, 5~6명 3점, 7~8명 4점, 9점 이상 5점	19년 고용보험명부 1부, 20년 고용보험명부 1부 (연도별 근로자수 를 확인 가능한 증 빙서류)	5점
	성희롱 성폭력 예방	성희롱 성폭력 예방 서약서 제출 여부: 총 1점 주관기관 및 참여기관 모두 제출: 1점, 일부제출, 미제출, 직인없음: 0점	성희롱 성폭력 예 방 등에 관한 서약 서	1점
	소재지역	지역 소재 기업 여부(본사 기준): 총 3점 수도권(서울,인천,경기) 0점, 그 외 지역 3 점	주관기관 본사 사업자등록증	3점
	지역경제 활성화	과제내용과 지역경제 활성화 연관 여부: 총 1점	수행계획서	1점
		합계		100점

[표] '신규캐릭터 IP개발 지원 사업' 발표평가 기준표(출처: 한국콘텐츠진흥원)

3천만 원의 지원부터는 개인 창작자로서 지원이 불가능하며, 최소한 개인사업자 등록이 되어야 지원이 가능하다. 사업자 등록 이전의 경험도 모두 사업자 대표의 역량이므로 빼놓지 말자. 항목별로 세부 배점까지 친절히 알려져 있기 때문에 각각의 항목에 대한 준비와 이전의 선정 사례들을 참고로 자신의 총점을 예상하며 부족한 항목들을 채워 나가면 된다.

발표 평가 중 가장 배점이 큰 것이 기대성과 부분으로 40점에 달한다. 기대성과는 투자 가능성, 대중성, 해외 진입 가능성 및 확장 가능성으로, 결국 제작하는 콘텐츠가 얼마나 돈을 잘 벌 수 있는가를 보는 것이다.

창작활동을 기반으로 사업을 하다가 업력이 쌓이게 되면 보다 높은 금액의 사업비를 지원해 주는 사업에 도전하게 된다. 국산 애니메이션 제작지원 사업의 목적은 국산 애니메이션 '성공 사례 발굴' 애니메이션 산업의 경쟁력 강화와 초기 기획이 끝난 제작 전반부 애니메이션의 제작지원 및 안정화 지원이다. 성공 사례를 발굴한다는 것은 기존 성공사례와 동일하지 않은 새로운 성공이 가능한 사례를 발굴한다는 의미에 가깝다. 기본적으로 독창성, 차별성이 있는 콘텐츠로 전제하고 '초기 기획'은 완성되어 있는 애니메이션을 지원한다는 것인데 초기 기획은 애니메이션 바이블을 비롯한, 콘티, 스토리보드 등이 있어 지원을 받으면 즉시 전반부 제작이 가능한 기업을 선정한다는 것이다. 그렇기에 창작자, 개인사업자로는 더 이상 지원이 어렵고 법인 사업자만이 지원 가능하다.

구분	관련설명
사업명	2022 국산애니메이션 제작지원 제작지원(초기 본편)
사업목적	국산 애니메이션 성공 사례 발굴로 대한민국 애니메이션 산업의 경쟁력 강화
사업기간 (협약기간)	협약체결일로부터 ~ 22. 10. 31.
지원자격	① 국산 애니메이션을 기획 및 창작 제작하는 국내 법인사업자이며, ② IP귀속이 한국 또는 공동소유로 지정된 프로젝트 ※ 대기업은 지원대상에서 제외 ※ 국제공동제작 프로젝트의 경우 한국 지분율이 최소 30% 이상이어야 함
지원대상	프리 프로덕션(Pre Production)이 끝나고 메인 프로덕션(Main Production)을 시작하는 단계의 프로젝트 ※ 기획·개발 후 초기 본편 영상 제작 단계의 프로젝트이며, 트레일러 제작지원이 아님
지원규모	20편 내외 선정, 프로젝트 당 최대 1억원 지원
사업자 부담금비율	- 총 사업비(국고 지원금+사업자부담금)의 10% 이상 현금 자부담 의무 - 기타 세부사항은 아래 [공고관련사료확인]에 첨부된 공고문 참고

[표] 2022 국산애니메이션 제작지원 제작지원(초기 본편) 공고 요약

신청 자격도 다른 사업과는 차이가 있다. 특히 자금이 클수록 사업 실패로 인한 리스크가 크기 때문에 반드시 제작 완료가 가능한 기업을 선호할 것이지만, 사업비 규모와 국고지원금 편성 20점, 자부담금 비율을 참고하여 총점의 합이 높아지도록 전략을 짜야할 것이다. 기획 독창성과 과제 독창성 두 항목도 총 20점의 배점이다. 독창성이 두 번 나오는데 기획 자체를 독창적으로 하고 과제의 내용도 독창적이라면 20점을 받을 수 있으니 각자가 준비하는 아이템과 처한 상황에 따라 최선으로 득점을 공략할 필요가 있다. 참여 인력 10점은 낮지 않은 점수인데 자신이 사업에 참여할 인프라를 미리 쌓아놓지 않았다면 채우기에 조금 어려운 점수이다. 따라서 공지를 보고 눈앞에 닥친 정부 사업에 허겁지겁 지원해서는 선정되기 어렵다. 그리고 지원 사업 공지는 이미 1년 전에도 올라왔다. 과거의 지원 사업 공지를 보면서 미리 부족한 것을 준비해보자.

평가지표		관련설명		배점
구분지표	평가지표			
과제 기획력 (20점)	과제 이해도	목표 시장 및 과제내용의 사업목적의 부합 여부	세부사업계획서	10
	기획 완성도	기획안의 구체성, 현실성 확보 여부	세부사업계획서	10
과제내용 (30점)	독창성	작품 기획(스토리와 시나리오 등)의 차별적 이고 참신한 정도	세부사업계획서	10
	대중성 (상업성)	대중이 호기심을 느끼고 공감하는 정도	세부사업계획서	10
	경쟁력	시장의 다른 작품과 경쟁하여 이길 수 있는 정도	세부사업계획서	10
기대성과 (30점)	성과목표 적절성	구체적이고 현실적인 성과목표 제시 여부 - 사업계획(주 타깃 위한 국내외 마케팅(유 통/배급)계획 등(10점) - 일자리 창출 계획(5점)	세부사업계획서	10
	경제적 성과	기대되는 대출 규모 등	세부사업계획서	10
	후속발전 가능성	최종결과물의 상용화, 글로벌진출, 2차 사업화(협업) 가능성 등 발전 가능성	세부사업계획서	10
수행기관 (10점)	재무건전성	기업신용데이터 조회 결과 B등급 이상 2점, CCC- 등급 이상 1점, CCC등급 이하 0점	신용분석결과표	10
	추진의지 및 역량	수행책임자의 과제 수행 의지, 각오	발표내용	10
참여인력 (10점)	참여인력 참여율	과제에 적절한 인력구성 여부와 참여율 적정성	참여인력구성표 (참여율)	10
	참여인력 전문성	참여인력의 유사과제(애니메이션 제작) 수 행경험(또는 학위) 여부	참여인력구성표 (경력)	10
		합계		100

[표] '지구를 지키는 창업 – 콘텐츠편' 질의응답 평가지표

3. 창작 콘텐츠 분야 성장 지원 사업 - 1인 창조기업 마케팅 지원 사업, 창업기업-소공인 협업 지원

창작자의 경우 사업자등록을 통한 사업자 대표가 되더라도 하청 또는 외주용역보다는 주력사업은 자신의 IP를 활용한 콘텐츠 사업일 것이다. 콘텐츠가 있다 하더라도 홍보가 되지 않는다면 수익화가 어렵기 때문에 마케팅 지원 사업(1인 창조기업 마케팅 지원 사업)을 받을 필요가 있다.

최근 우수한 제조 기술은 있으나 독창적인 콘텐츠를 확보하지 못하는 제조기업의 문제와 자신의 콘텐츠를 실체화할 수 있는 역량이 부족한 콘텐츠 기업이 각각 문제에 직면하고 있다. 이를 해결하고자 콘텐츠와 기술 또는 이종 간의 융복합 지원 사업이 있으며, 영세한 소공인들 간의 시너지 효과를 낼 수 있는 소공인 협업 사업도 있다.

국내에서의 성과를 토대로 해외 진출을 하고자 할 때 해외전시회 참가를 지원해 주는 사업도 있다. 각각의 사례를 통해 당신이 지원할 수 있는 사업이 무엇인지 잘 살펴보도록 하자.

(1) 2018년 1인 창조기업 마케팅 지원 사업(중소기업벤처부)

마케팅 지원 사업을 수주하기 위해 가장 중점을 두어야 할 것은 지원금을 활용한 구체적인 마케팅 전략 및 목표와 활용 계획이다. 심사위원은 콘텐츠 전문가보다는 마케팅 관련 전문가로 구성되었을 확률이 크기 때문에 창업아이템이 콘텐츠일 경우 콘텐츠 자체에 대한 질적 평가 비중은 높지 않다고 볼 수 있다. 다만 마케팅을 하기 위한 아이템이 구체화되어 있지 않다면 서류 심사 단계에서 떨어질 수 있다.

일반적으로 지원 사업은 '지원'사업이지 '상금'이나 '복지'사업이 아니기 때문에 대표자 스스로 사업을 위한 기존의 노력을 가시화할 수 있어야 한다. 그동안 정부 지원 없이 스스로 어떤 마케팅을 진행해왔는지에 대한 증빙도 필요하다. 창업 초기에는 모든 것들을 다 잘 할 수 없으며 특히 전문분야가 아닌 경우에는 성과가 부족할 수도 있다. 그럼에도 불구하고 나는 '이만큼 노력'을 했고 초기 자본으로 할 수 있는 데까지 해본 결과 '지원금'이 있다면 이제는 분명히 정량적인 성과를 낼 수 있다는 것에 대한 설득이 필요하다.

이러한 설득을 위해서 ① 그동안 구축한 국내외 마케팅 성과와 확보한 인프라 ② 창업 기업의 제품 또는 서비스를 소비할 분명한 목표 타깃과 시장에 대한 정량적인 분석 ③ 지원금을 받아 사업을 수행하고 있는 단기와 사업이 끝난 이후에 어떠한 결과를 만들 수 있는가에 대한 세부 계획 ④ 국내외 시장에 진입하기 위한 전략 ⑤ 가장 중요한 지원금을 받아 활용한 결과 회사의 매출과 신규채용 증가율에 대한 계획을 제출해야 한다.

(2) 2020년 창업기업-소공인 협업 지원(시흥창업센터)

협업 또는 비즈매칭을 통한 사업화 지원의 경우에는 대표자 또는 창업기업의 역량이 여러 분야에서 높더라도 주 업종에 대해 얼마큼 특화되어 있는지에 대한 증명도 중요하다.

주 업종에 특화되어 있으면 다른 분야에 대해서는 부족한 부분이 있을 수 있으니 전문 업체와의 협력을 통해 시너지 효과를 내 보겠다는 등의 접근 방식이 필요하다. 반면 협업의 경우에는 혼자 할 때보다 더 구체적인 결과물이 나올 수밖에 없기 때문에 기업 간의 분명한 역할 설정과 수익 분배에 대한 사전 논의가 필요하다.

신청기업이 콘텐츠를 제공하는 경우에는 사업 완료까지 제품이 제작되는 과정에 대해 직접 참여가 어렵고 모든 사업이 그러하듯 완료 시기에는 결과 보고서를 비롯한 각종 증빙자료 제작에 시간이 필요하고 생각지 못한 문제는 꼭 발생하기 때문에 제품 완성에 대한 마감을 여유 있게 설정하는 것이 중요하다.

협업사업을 지원해 주는 이유는 독자적으로는 계속되기 쉽지 않은 업체 간의 협업을 통해 사업의 지속성과 결과물의 완성도를 높이기 위함이다. 사업이 종료된 이후에도 협업 업체 간의 어떤 구체적인 성과를 지속적으로 만들 것인가에 대한 부분을 강조하는 것도 필요하다. 제조나 기술 기반의 업체가 대부분 함께 하기에 실제 제작된 제품에 대한 사업의 구체적인 계획을 넣으면 된다.

1. 기존 지원 사업 리스트를 확보하고 분석하자

전년도 지원 사업 리스트를 충분히 확보하여 사업 지원을 분야별(시제품 제작, 콘텐츠 제작, 홍보마케팅, 지재권, 수출, 협업, 창업 및 사업화 등), 시기별(상반기, 하반기), 지역별(사업장 주소지를 기본으로 한 지원 사업과 타지역이지만 참가가 가능한 사업 목록)로 구별하고 전년도를 기준으로 한 지원 사업 스케줄을 작성한다. 그러면서 지원 사업의 목표 결과물이 다음 지원 사업의 시작점이 되는 연계성이 찾으면서 자신만의 트랙을 설정한다. 다음 연도가 되어야 연계할 수 있는 사업이나 일정 수준의 성과가 있어야 지원 가능한 사업도 있기에, 초기 창업자라면 향후 3년의 지원 사업에 대한 설계가 필요하다. 지원 기관의 공지 사항 및 사업공고를 통해 어떤 사업이 있었으며 그 사업에 대한 심사위원의 평가는 어떠했는지, 어떤 업체가 선정되었는지를 확인할 수 있다. 또한 선정 업체 정보를 토대로 개별 업체에 대한 검색을 함으로써 어떤 아이템으로 선정되었는지 실제 사회에서 어떠한 결과물을 만들었고 시장에서의 평가는 어떠한지를 알 수 있다.

2. 동일 콘텐츠의 다른 결과물을 낼 수 있는 사업을 지원하자

콘텐츠는 동일하더라도 시제품 지원 사업과 홍보물 지원 사업은 각각 지원할 수 있다. 이에 따라 사업계획서 목표 또한 달라야 한다. 각 지원 사업 특성을 정확하게 이해하고 실제 시장의 니즈에 따라 실체화할 수 있는 다양한 아이디어를 가지고 지원해야 한다.

문화 스타트업의 성장 기반

기업부설창작연구소 / 창작전담부서, 벤처 인증

문화 콘텐츠 업종의 스타트업도 기술 기반의 스타트업에서의 기업부설연구소나 연구 전담 부서와 유사하게 한국콘텐츠진흥원의 기업부설창작연구소(이하 연구소) 또는 창작전담부서를 설립할 수 있다. 물론 설립을 위해선 해당 요건을 충족시켜야만 그 주요 혜택들을 누릴 수 있다.

먼저 인적 요건으로는 팀원(또는 직원)이 5명 이상(벤처기업이면 3명 이상), 전담부서의 경우는1명 이상(직원 외에 관리 직원 1명 필수) 있으면 설립이 가능하다. 물적 요건으로 연구할 수 있는 연구공간(사무실)이 있어야 하고, 파티션으로 타 부서와 구분하도록 해야 한다. 또 회사 출입문과 사무실 내부에 창작연구소 등 문구가 적힌 현판을 달면 된다. 만약 창작전담부서의 경우 외부는 필요 없고 내부에만 현판을 달면 된다.

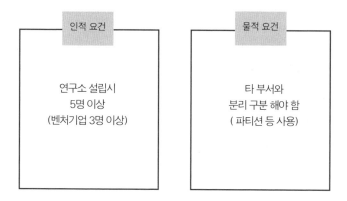

[표] '기업창작연구소(혹은 창작전담부서)의 인적 · 물적 설립요건

그럼 연구소를 설립했을 때 어떠한 혜택이 있는지 알아보자.가장 대표적으로 세금에 대한 감면 혜택이 있고, 문화체육관광부 관련 연구과제 지원 사업이나 타 기관 정부기관의 연구과제 신청 시 가점(매년 다름)이 있다. 또한 벤처 인증을 받기 위한 충족 요건이 되기 때문에 사업에서 조금이라도 우위를 가지기 위해서라면 연구소 설립을 추천한다.

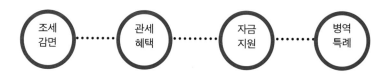

[표] 기업창작연구소 설립 시 받을 수 있는 혜택

INSIGHT START-UP

START-UP
TIP

[Step1] 서류 준비하기

사업자등록증 사본, 회사 조직도, 창작연구소 전담 부서 조직도, 회사 도면, 창작연구소 전담 부서 도면, 현판 사진, 내부 사진, 4대보험 가입자명부, 연구원의 이력서나 졸업증명서, 경력증명서 등과 함께 임대차 계약서가 필요하다.

[Step2] 설립 전 준비 작업 하기

창작연구소 또는 전담 부서 설립 시 사전에 준비해야 할 것이 있다. 먼저 국가연구자 번호 발급과 한국콘텐츠진흥원 연구개발 정보관리 시스템에 회원가입을 해야 한다. 국가연구자번호는 범부처통합연구지원시스템(https://www.iris.go.kr)에 접속하여 가입한 다음 발급받고 진행해야 한다.

여기서 가입 후 국가 연구자 번호 발급을 받았다면 한국콘텐츠진흥원의 연구개발정보관리시스템 (https://ctrd.kocca.or.kr/)에 가입해야 한다. 이 때 연구책임자로 등록해야 한다는 주의사항을 꼭 기억하자.

[Step3] 설립 신청하기

연구개발정보관리시스템에 가입이 완료되었다면 로그인 한 후 '창작연구소' 메뉴 탭을 클릭해서 인정신청 공고를 클릭 후 진행하면 된다.

한국콘텐츠진흥원 연구개발정보관리시스템
KOREA CREATIVE CONTENT AGENCY

○ 창작연구소

메뉴		번호	
사업공고	+	41	2022년 3차 기업부설창작연구소(전담부서) 인정
창작연구소	-	40	2022년 2차 기업부설창작연구소(전담부서) 인정
수요조사	+	39	2022년 1차 기업부설창작연구소 및 창작전담부ㅅ
공지사항	+	38	2021년 12차 기업부설창작연구소 및 창작전담부
찾아오시는 길	+	37	2021년 11차 기업부설창작연구소 및 창작전담무
		36	2021년 10차 기업부설창작연구소 및 창작전담부
		35	2021년 9차 기업부설창작연구소 및 창작전담부ㅅ
		34	2021년 8차 기업부설창작연구소 및 창작전담부ㅅ
		33	2021년 7차 기업부설창작연구소 및 창작전담부ㅅ
		32	2021년도 제5차 기업부설창작연구소(전담부서)

요건에 따라 서류를 준비하여 제출하면 2~3주 이내에 설립 완료에 관한 승인되었다는 회신을 받게 된다.

다음으로는 벤처 인증에 대해 알아보자. 벤처 인증 즉 벤처기업확인이란, 다른 기업에 비해 기술성이나 성장성이 상대적으로 높아 정부에서 지원할 필요가 있다고 인정하는 기업으로서 세계적인 일류기업으로 육성하기 위한 지원 제도다. 벤처 인증을 받으면 법인세 또는 소득세 감면 혜택과 정책 자금 심사 시 우대, 특허 및 실용신안 등록 출원 시 우선심사 대상 혜택을 가지고 있다. 인증기간은 3년이고 이후엔 갱신해야 한다.

법인세 소득세 50% 감면	취득세 75% 재산세 50% 감면	정책자금 심사시 우대	특허 및 실용 실안 등록출 원시 우선 심 사 대상	TV, 라디오 광고 지원

[표] 벤처 인증 시 받을 수 있는 혜택

벤처 인증을 받기 위한 요건은 다음과 같다.

벤처 투자형	연구개발 유형	혁신성장 유형	예비 벤처 기업
- 투자금의 총합계가 5천만 원 이상 - 기업의 자본금 중 투자금액의 합계가 차지하는 비율이 10% 이상	- 기업부설연구소, 연구개발전담부서, 기업부설창작연구소, 기업창작전담부서 중 1개 이상 보유 - 직전 4분기의 연구개발비가 5천만 원이상, 연 매출액의 연구개발비 5%이상	- 벤처기업확인기관으로부터 기술의 혁신성, 사업 성장성이 우수한 것으로 평가 받은 기업	- 법인설립 또는 사업자등록을 준비 중인 자 - 벤처기업확인기관으로부터 기술의 혁신성, 사업의 성장성이 우수한 것으로 평가받은 자

최근 개정으로 인해 문화 콘텐츠 기업도 벤처 인증을 받을 수 있다. 벤처 인증을 신청하기 전에 기업부설창작연구소 또는 창작 전담부서를 설립 하거나, 주요 IP를 확보 후 요건에 맞게 인증을 획득하여 활용해 보도록 하자.

다음은 벤처 인증을 받는 절차에 대해 알아보자

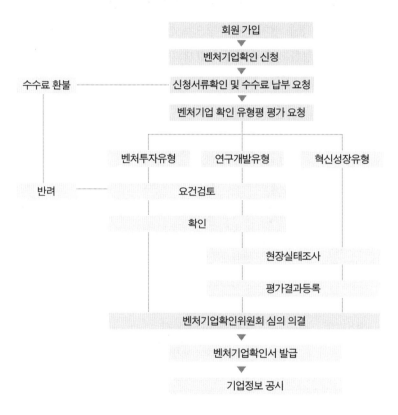

[표] 벤처 인증을 받는 절차

벤처 인증은 벤처확인종합관리시스템 (https://www.smes.go.kr/venturein/home/viewHome) 페이지에 접속하여 회원가입을 진행한다. 벤처확인 신청 시 예비창업자가 아니면 3가지 유형에서 연구개발유형을 선택하여 진행하면 된다.

창업 초기에 기술 특허와 같은 IP를 확보한 상태로 신청 시 혁신성장 유형을 선택하여 진행하는 방법이 있고, 초기 투자금이 5천만 원 이상일 경우 벤처투자 유형으로 신청하여 진행하면 된다. 해당 인증을 신청할 경우 수수료가 발생되니 이 부분도 꼭 참고하자.

구분	수수료		
	합계	기업부담금	정부지원금
벤처투자	25만원	15만원	10만원
연구개발	45만원	35만원	
혁신성장	55만원	45만원	
[혁신성장] 이노비즈 연계	40만원	30만원 (이노비즈 인증 후 6개월 이내 신청 시)	
[혁신성장] 예비벤처	30만원	20만원 (예비 벤처유형으로 확인받은 후 1년 이내 혁신성장 유형으로 신청 시)	
예비벤처	45만원	35만원	

[표] 벤처 인증 시 필요한 수수료

제출 서류로는 유형별로 다르니 신청 시 꼭 확인하여 서류를
준비하도록 하자

1. 벤처투자 유형

	제출서류	체크사항
1	중소기업확인서	시스템 자동 연계(자동 연계가 되지 않은 기업은 중소 기업현황보고 시스템 sminfo.msss.go.kr 에서 발급하여 첨부 제출)
2	사업자등록증	사업장 이전 또는 변경 시 수정 반영된 사업자등록증 사본 제출
3	법원등기부등본 (등기사항전부증명서)	법인사업자만 제출(말소사항 포함, 신청일 기준 2주 이내 발급분만 인정) 현재 유효사항만 기재된 발급분과 열람용은 제출 불가
4	부가가치세 신고서	신고 예정 또는 확정 최근 신고분 부가세과세표준증명원 또는 부가세 신고서 접수증 제출 불가
5	재무제표 (또는 감사보고서)*	최근 3개년 자료

* 당해 결산자료가 확정되지 않은 경우, 직전전연도, 직전전전연도, 직전전전전연도 재무제표를 제출(단, 설립연도에 따라 해당 기간의 재무자료가 없는 경우, 제출하지 않아도 됨)

- 법인사업자의 경우, 당기 결산기준일로부터 3개월을 초과한 경우 당기 재무제표 반드시 포함
- 개인사업자의 경우, 6월 1일 이후 신청 시 당기 재무제표 반드시 포함

[표] 벤처 인증 시 벤처투자 유형 제출서류 및 체크사항

2. 연구개발 유형

	제출서류	체크사항
		기본서류
1	중소기업확인서	시스템 자동 연계(자동 연계가 되지 않은 기업은 중소기업 현황보고 시스템 sminfo.msss.go.kr 에서 발급하여 첨부 제출)
2	사업자등록증	사업장 이전 또는 변경 시 수정 반영된 사업자등록증 사본 제출
3	법원등기부등본 (등기사항전부증명서)	법인사업자만 제출(말소사항 포함, 신청일 기준 2주 이내 발급분만 인정) 현재 유효사항만 기재된 발급분 또는 열람용은 제출 불가
4	부가가치세 과세표준증 명원*	– 신청일 기준 직전 4개 분기 자료 – 국세청 홈텍스에서 발급
5	재무제표 (또는 감사보고서)*	최근 3개년 자료
6	매출원장	신청일 기준 직전 4개 분기 자료
7	고용보험 사업장 취득자 명부	최근 3개년 자료(연도별 12월 말일 자 기준) 근로복지공단 고용 산재보험 토탈서비스 total.kcomwel. or.kr에서 발급
8	4대보험 가입자명부	전 직원 명부, 신청일 기준 2주 이내 발급분 4대 사회보험 정보연계센터www.4insure.or.kr에서 발급
9	연구개발조직 인정서	– 신청일 기준 2주 이내 발급분, 신청일 기준 유효한 인정서 – 기업부설연구소/전담부서 신고관리시스템www.rnd. or.kr, 연구개발정보관리시스템ctrd.kocca.kr에서 발급
10	연구개발조직 소속 인력 현황	– 연구개발 인력현황 신고분(변경신고내역 포함) – 직전 4개 분기 내 연구개발 인력현황의 변동이 있을 경우, 변경 전 후 연구개발 인력현황 각 1부, 변경신고서 1부 제출 필수 – 기업부설연구소/전담부서 신고관리시스템www.rnd. or.kr, 연구개발정보관리시스템ctrd.kocca.kr에서 발급
11	인건비 산정 내역서	– 연구개발 인력 현황에 등록된 인력만 인정 – 인건비 합계 작성

[표] 벤처 인증 시 연구개발 유형 제출서류 및 체크사항

3. 신성장 유형

	제출서류	체크사항
	기본서류	
1	중소기업확인서	시스템 자동 연계(자동 연계가 되지 않은 기업은 중소기업 현황보고 시스템 sminfo.msss.go.kr 에서 발급하여 첨부 제출)
2	사업자등록증	사업장 이전 또는 변경 시 수정 반영된 사업자등록증 사본 제출
3	법원등기부등본 (등기사항전부증명서)	법인사업자만 제출(말소사항 포함, 신청일 기준 2주 이내 발급분만 인정) 현재 유효사항만 기재된 발급분 또는 열람용은 제출 불가
4	부가가치세 과세표준증명원*	– 신청일 기준 직전 4개 분기 자료 – 국세청 홈텍스에서 발급
5	재무제표 (또는 감사보고서)*	최근 3개년 자료
7	고용보험 사업장 취득자 명부	최근 3개년 자료(연도별 12월 말일 자 기준) 근로복지공단 고용 산재보험 토탈서비스 total.kcomwel.or.kr에서 발급
8	4대보험 가입자명부	전 직원 명부, 신청일 기준 2주 이내 발급분 4대 사회보험 정보연계센터www.4insure.or.kr에서 발급

[표] 벤처 인증 시 혁신성장 유형 제출서류 및 체크사항

창업 후 팀원이 있고 1년 이상이 지났을 경우라면, 기업부설창작연구소 또는 창작전담부서를 설립 후 연구개발 유형으로 가는 루트를 추천한다. 만약 1년 미만이고 고유의 IP를 가지고 있을 경우는 혁신성장 유형을 선택해서 진행하는 것을 추천한다. 왜냐하면 초기 사업자가 매출을 가지기 힘들기 때문에 벤처 인증 획득이 어려울 수 있기 때문이다. 만약 투자자가 있다면 벤처투자 유형을 선택해서 진행하면 가장 좋다.

문화 콘텐츠 확장의 기술은 콘텐츠 프랜차이즈

우리가 흔히 접하는 요식업에서 유명 프랜차이즈 사업을 살펴보면 어느 곳에 가도 동일한 메뉴와 분위기를 제공하는 것을 볼 수 있다. 본사에서 정해진 규칙과 시스템에 따라 각 지점이 운영되고 서비스 퀄리티가 유지될 수 있게 점검 · 관리하기 때문이다.

콘텐츠에서도 자신의 콘텐츠가 없이 다른 IP를 활용해서 콘텐츠를 재생산하는 방식은 프랜차이즈 방식과 비슷하게 원작에 영향을 주는 변형 등에 대해 까다롭게 검증이 이루어진다. 하지만 최근에 그 개념은 사용자의 참여로 다르게 작동하고 있다. 원작의 의도와 다르게 새로운 밈(Meme: 인터넷에서 유행하는 짤, 사진 등)을 형성하면서 또 다른 문화의 한 요소로 작동하는 긍정적인 부분에 대해 주목해야 한다. 이것을 컨버전스 컬처(Convergence culture)의 시작이라고 생각한다. 사용자 참여에 대해 콘텐츠 제작사에서 긍정적으로 받아들여 그 자체를 홍보수단이나 콘텐츠로서 재 탄생

시킨다면 IP로써 가치상승과 팬덤에 대해서 보장받는 기회이니 놓치지 말아야 한다.

최근 예전에 만들어진 브랜드가 전혀 상관없는 제품으로 리브랜딩(Rebranding)하는 부분도 비슷한 맥락이다. 국내 제분사인 '곰표'의 브랜드를 맥주에 콜라보레이션(Collaboration)해서 '곰표 맥주'가 탄생했다. 이후 '곰표' 브랜드는 '곰표 패딩', '곰표 밀가루 쿠션', '곰표 팝콘' 등의 굿즈로 재탄생 하면서 2030세대에게 친숙한 이미지로 변신한다. 사실 곰표 티셔츠가 처음 탄생하면서 다양한 콜라보가 진행되었는데 처음에는 곰표 이미지를 무단 도용하면서 시작되었다고 한다. 이에 항의하다가 큰 사이즈 옷과 기업 이미지가 잘 맞는다는 제안에 마케팅으로 활용해 보자는 아이디어에서 출발했다고 하니, 받아들이는 방식에 따라 또 다른 기회를 얻을 수 있는 잠재력을 지니고 있는 것이 콘텐츠의 매력인 것 같다.

콘텐츠 프랜차이즈, 콘텐츠 IP와 같은 용어는 2017년부터 사용되기 시작했다. 세계적인 미디어 학자 헨리 젠킨스(Henry Jenkins)는 콘텐츠 프랜차이즈 확장이란 하나의 이야기 세계로부터 다양한 이야기를, 다양한 미디어에 도출하는 것이라고 했다. 콘텐츠 프랜차이즈는 더 이상 특정 콘텐츠의 인문학적 개념이 아니라 고객의 선택을 받기 위한 전략적 요소가 되었다. 자신이 만든 콘텐츠에 확장성을 부여할 수 있다면, 그것이 바로 프랜차이즈화 되는 것이다.

미니언즈 제작자 피에르 코팽 감독은 애니메이션 제작 시 각 캐릭터를 설정할 때마다 그 성격과 주변 환경의 스토리텔링을 고민하면서 제작했고 캐릭터 IP를 활용해 다양한 애니메이션을 제작하다 보니 자연스럽게 스토리가 분화되고 작품들이 연속으로 흥행하게 되는 기반이 만들어져 콘텐츠 프랜차이즈화 되었다고 한다.

성공적인 프랜차이즈 사례 - 해리 포터

순위	콘텐츠IP	프랜차이즈품목	금액 (단위:Billion)
1	Pokémon (Video game,1996)	상품화, 비디오게임, 트레이딩카드, 코믹&망가, 영화, 홈엔터테인먼트	$92.121B
2	Hello Kitty (VINYL COIN PURSE DESIGN,1974)	상품화	$80.026B
3	Winnie the Pooh(Book,1924)	상품화	$75.034B
4	Mickey Mouse (ANIMATED SHORT,1924)	상품화	$70.587B
5	Star Wars(FILM,1977)	상품화, 영화, 비디오게임, 도서, 홈엔터테인먼트	$65,631B
6	ANPNAMAN (MANGA,1973)	상품화	$60.285B
7	Disney Princess(COSTUMES,2000)	상품화	$45.187B
8	Mario(VIDEO GAME,1981)	비디오게임, 상품화	$36.143B
9	Harry Potter(NOVEL,1997)	도서, 영화, 상품화, 홈엔터테인먼트	$34.117B
10	Marvel Cinematic Universe(FILM,2008)	도서, 상품화, 홈엔터테인먼트	$29.128B

[표] 미디어 프랜차이즈 총매출 순위(출처: 위키피디아)

1997년에 소설로 탄생한 『해리 포터(Harry Potter)』는 2001년부터 2011년까지 총 8편의 영화제작, 게임 출시, 연극, 스핀오프 시리즈, 테마파크 등 IP를 활용한 확장을 진행 중이며 해리포터 IP의 총매출액(영화, 게임, 캐릭터 라이선스)은 아직도 증가하고 있다. 해리 포터의 IP 프랜차이즈의 총매출 순위는 9위에 달한다.

콘텐츠 IP가 사용자들에 의해 재생산되고 스토리의 리부트(Reboot), 세계관의 변화 등을 수용함으로 더 많은 이야기가 만들어지는 무한한 가능성에 그 가치를 둔다. 그래서 경제적 관점에서는 한계 비용이 거의 없이 경제적 가치를 창출할 수 있는 규모의 경제가 작동하는 비즈니스모델이 가능하여 시너지를 낼 수 있다.

콘텐츠 IP의 사업적인 성공을 위해서는 경험을 공유하는 사용자 확산이 필요한데 웹 플랫폼 사업자들이 웹 콘텐츠 IP를 활용하는 사례를 통해 그 전략을 활용해 보자. 초기 웹 플랫폼 사업자들에게 콘텐츠 IP는 트래픽을 올리기 위한 수단이었다. 현재는 콘텐츠 IP 만으로 수익구조가 형성되었다.

웹 콘텐츠 플랫폼 사업자 유형을 나누어 보면 포털 플랫폼형, 웹 콘텐츠 플랫폼형, 커뮤니티형, 유통사형, 출판 기반형으로 구분한다.

사업군 유형	특성	대표사업자
포털 플랫폼형	검색에 기반을 둔 사업자로 웹콘텐츠를 활용해 트래픽을 유도하는 형식	네이버웹툰, 카카오페이지 등
웹콘텐츠 플랫폼형	웹툰 전문 중소플랫폼으로 시작해서 웹소설, 게임개발로 확장	레진코믹스, 코미코 등
커뮤니티형	장르 작가 중심의 커뮤니티가 상업적으로 성장한 경우	조아라, 문피아 등
유통사형	오프라인, 온라인 출판유통 사업자가 연재플랫폼을 만들어 진입	예스24, 교보문고, 리디북스 등
출판기반형	순수문학, 교양서적 등의 출판사업자가 장르문학과 웹툰으로 영역을 확장	위즈덤하우스, 황금가지(브릿G)

[표] 사업군 유형별 플랫폼사업자
(출처: 한국콘텐츠진흥원 코카포커스 17-02호, 2017. 05. 22.(김숙, 장민지))

콘텐츠 IP 확장에는 3가지 유형이 있다.

첫째는 멀티 장르화로 원천 IP를 가지고 영화, 드라마, 게임으로 만드는 형태를 말한다. 스토리를 기반으로 다양한 장르의 형식을 적용하는 방식이다. 해리포터 소설을 영화 시리즈, 비디오게임, 연극, TV 드라마로 재구성하는 것으로 이해하면 된다.

둘째로 멀티 플랫폼으로의 확장이다. 기존의 플랫폼이 유통 창구의 기능에서 콘텐츠를 재생해 내는 기능을 포함하기 시작하면서 콘텐츠 IP를 노출하고 재생산이 가능한 플랫폼 형태로 확장하는 경우를 말한다. 방송, 웹 콘텐츠(웹툰, 웹 소설) 등이 이 경우이다. 해리포터 IP를 멀티플랫폼으로 확장한 사례라면 테마파크와 LBS 기반의 모바일 게임을 들 수 있다.

셋째로 라이선스화로, 굿즈(Goods) 등의 상품화 사업 확장이다. 콘텐츠를 구성하고 있는 캐릭터, 이미지, 로고 등을 활용한 다양한 제품들과 콜라보를 하면서 소장, 한정판 등의 수집 욕구를 자극하는 형태로 진행된다. 가장 활성화된 부분은 만화, 애니메이션, 영화 캐릭터들이 완구 형태로 만들어지거나 원작을 소재로 한 게임을 제작하는 경우이다. 최근에는 연계 상품이 의류, 화장품, 식품, 문구, 생활잡화, 대형 가전, 자동차 등에도 특별판 형태로 확장되고 있다.

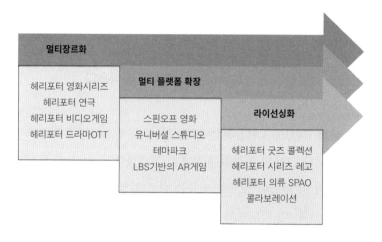

[표] 해리포터IP의 확장

콘텐츠 IP가 매력적인 이유가 바로 무한한 확장의 잠재력을 가지고 있고 메가 트렌드를 만들 수 있는 가능성이 높은 분야이기 때문이다. 자신의 콘텐츠 IP도 해리포터 같은 메가 트렌드가 될 잠재력이 있다고 생각하고 긍지를 가지고 사업을 진행하길 바란다.

성공을 이끄는 고객 팬덤

콘텐츠 생명력은 팬덤(Fandom) 파워에서 나온다

팬덤(Fandom) 현상은 같은 관심사를 통해 연대감을 공유하는 커뮤니티나 그들의 문화적 활동으로 정의한다. 특히 문화 콘텐츠 사업에서 이 팬덤이 중요한 이유는 바로 자발적인 참여와 확산이라는 것이다. 이 현상에서 경제전문가들도 주목하고 있는 부분은 폭발적인 가치 창출의 커다란 흐름이 만들어지는 부분에 있다.

대표적으로 BTS의 팬 그룹 ARMY의 경우 정확히 파악은 되지 않지만 2021년 기준 트위터 계정 팔로워 수(약 4,020만)와 YouTube 'BANGTAN TV' 채널 구독자 수(약 5,970만)를 바탕으로 추산해도 한 나라를 세울 수 있을 정도이며 구성원이 다양한 연령대와 직업, 전 세계에 걸친 거주 지역을 고려해 "아미는 어디에나 있다(ARMY is everywhere)"라는 말이 실감될 것이다.

[표] 애니메이션 심슨 BTS ARMY 까메오

　이런 팬덤의 형성은 산업을 넘어 모든 분야에 영향력을 줄 정도의 파워를 가지게 되기 때문에 기업은 팬덤을 만들기 위해 다양한 노력을 하고 있다.

　'레고(LEGO)'의 경우 팬 모임 '어른들의 판타지'를 통해 레고로 만든 창작품과 제작방법을 공유하고 동영상을 생중계한다. 또한 소비자들과 연대하며 개인이 만든 창작품을 다시 제품으로 판매하는 '레고 아이디어스(LEGO IDEAS)'라는 시리즈로 팬덤을 활용한 2차 브랜드로 만들었다. 레고는 이러한 창작자에게 매출의 1%를 로열티로 제공하는 형태로 생태계를 형성했다. '재미'라는 요소로 세대 간의 격차를 해소하며 소비자층을 두텁게 바꾸어 기업 팬덤의 주요 사례로 손꼽히고 있다.

[이미지] 레고 아이디어스 제품(출처: 레고 공식 홈페이지)

이렇게 인간의 심리에 호기심과 몰입감을 줄 수 있는 재미, 신선함, 아름다움을 줄 수 있어야, 지속 가능한 콘텐츠로서 팬덤을 형성할 수 있다.

새로운 성장 플랫폼 기술 - 메타버스(Metaverse)

메타버스는 2019년 팬데믹 발생 이후 단순히 유행처럼 지나가는 것이 아니라 이미 시장의 기능을 입증하고 새로운 시장으로서 기능으로 작동하고 있으며 이것이 경제, 언론, 문화, 산업, 직업 등에 직간접적으로 영향을 주는 단계에 와 있다. 단순히 과거에 있던 개념으로 보기에는 그 영향력과 파장이 매우 크다. 메타버스에 대한 기본 개념과 최근 시장에서의 평가를 통해 플랫폼들의 형태와 콘텐츠 제작사업의 미래를 살펴보자.

메타버스는 메타(Meta)와 유니버스(Universe)의 버스(verse)를 합쳐진 말로 초월의 세계를 뜻하며 SF 판타지 소설『스노우 크래시』에서 처음 언급되었다. 흔히『스노우 크래시』를 메타버스의 원전이라고 하는데 그 이유를 소설의 시놉시스를 통해 알아보자.

『스노우 크래시』가 등장하는 장소는 미래의 미국의 어느 지역이며 디스토피아(dystopia)를 배경으로 한다. 핵심 줄거리는 가상

세계(메타버스)에서 '스노우 크래시'라는 신종마약에 의해 감염된 아바타는 현실 세계에서 실제 주인의 뇌를 망가뜨리는 사건이 발생하고, 이것을 주인공이 나서서 그 실체를 파헤치는 내용이다. 그리고 메타버스에서 활동하는 캐릭터들을 아바타라고 부르는 것도 이 소설에서 처음 사용되었다고 한다.

여기서 메타버스라고 작가가 만들어 낸 가상세계 속의 설정을 살펴보면 다음과 같다.

"양쪽 눈에 서로 다른 이미지를 보여줌으로써 3차원적 영상이 만들어졌다. 이 영상을 일 초에 72번 바뀌게 함으로써 동화상으로 나타낼 수 있었고 이 동화상을 1면당 2킬로 픽셀로 표현하면 시각의 한계 내에서 가장 선명한 그림이 되었다. 이어폰으로 디지털 스테레오 음향까지 집어넣게 되면 이 3차원 동화상은 완벽하게 현실적인 사운드트랙까지 갖추게 되는 셈이었다. 그렇게 되면 히로는 더는 이 자리에 있는 것이 아니었다. 그는 컴퓨터가 만들어내서 그의 고글과 이어폰을 계속 공급해 주는 가상의 세계에 들어가게 되는 것이었다."

이 묘사에서 현재 VR 기기의 구동 원리를 완벽하게 설명하고 있다. 1992년도에 휴대전화도 대중화되기 전에 PC방도 활성화되기 전 시절 상상만으로 이런 설정을 한다는 것이 대단한 것 아닌가? 그리고 세계관 자체가 현재의 기술적, 사회적, 경제적인 부분에 매칭되는 부분이 꽤 흥미롭게 서술되어 있다.

그 당시 소설에서 설정한 내용들이 너무나 매력적이고 디테일한 설정이어서 많은 IT 업계 경영인과 개발자에게 영향을 주었다. 대표적으로 세컨드라이프(Second-Life)를 창시한 필립 로즈데일(Philip Rosedale), 구글 공동창업자인 래리 페이지(Larry Page), 엔비디아(NVIDIA) 최고경영자인 젠슨 황(Jensen Huang)도 있다.

그렇다면 왜 하필 지금 메타버스가 선풍적으로 모두의 관심을 받고 있는 것일까?

현재의 메타버스 붐은 5G 통신 및 하드웨어 기술 발전 속에 코로나19(COVID-19)로 인한 팬데믹 상황, 미디어 이용자 층의 세대변화에 따른 모멘텀 현상을 포착한 기업들의 생존전략이 맞물린 결과이다. 기술적인 측면에서 3D 그래픽 기술, 클라우드 컴퓨팅, XR 등 기반 기술이 급격히 향상되고 5G 상용화로 고도화된 메타버스가 실현될 가능성이 증가했다. 비대면이 생활의 일상이 되면서 대규모로 집합할 수 있는 공간이 제약되어 안전한 환경인 가상 디지털 공간이 활성화되었다.

또 하나는 기업의 근무환경이 제약되면서 가상 오피스와 워크 플로우가 개선되고 있는 것에 주목해야 한다. 포스트 코로나19(COVID-19) 혹은 위드 코로나(with-Corona)나 시대에 일상 터전의 변화가 메타버스와 합쳐져 생활 속으로 들어오는 계기가 되었다.

메타버스에서 돈을 벌어 보자

메타버스 플랫폼은 소비자가 곧 창작자가 될 수 있는 구조이다. 창작으로 끝나는 것이 아니라 경제적 이익을 얻을 기회까지 제공하는 것이 특징이다. 로블록스(Roblox)에서 '로블록스 스튜디오'를 통해 게임을 제작할 수 있고 해당 게임을 다른 플레이어가 플레이하면서 게임 내 아이템을 구매하거나 광고를 보게 하면 로벅스(Robux)를 획득하는데 일정량의 로벅스는 환전이 가능하다. 지난해까지 로블록스에서 만들어진 게임 2천만 개의 누적 수익은 약 2억 5000만 달러(약 2800억 원)로 추정된다. 개발자들은 유튜버처럼 자신이 만든 게임이 인기를 끌면 게임 내에 광고판을 설치하고 계약을 맺어 더 큰 수익도 가능하다.

이러한 메타버스 플랫폼은 일반인들의 접근성을 높이며 각종 도구를 제공하고 있다. 제페토(Zepeto) 역시 제페토 스튜디오를 통해서 옷과 액세서리 등의 아이템을 제작하여 판매할 수 있다. 이미 유명 브랜드들은 자사의 제품 등을 메타버스 안에서 디지털 브랜드로 선점하기 위한 움직임이 있다. 나이키, 디즈니, 미니언즈, 헬로키티 등 유명 브랜드가 제페토에 입점하여 자사 IP를 이용한 아이템, 아바타 복장을 판매하여 높은 매출을 기록하고 있으며 그 영향으로 실제 오프라인 제품까지 브랜드 이미지가 올라가는 효과를 보고 있다. 이러한 현상은 앞으로 가속화되고 더 많은 제품이 단순한 홍보 수단이 아니라 메타버스 안에서 또 다른 브랜드 파워로 나타나 디지털 제품으로 또 다른 가치를 가지고 판매 및 거래될 것이다.

메타버스 플랫폼은 앞으로도 증가할 것으로 보인다. NFT와 블록체인 기술이 대중화되면, 관련 직업이 생기고 새로운 패러다임도 등장하게 될 것이다.

NFT를 활용한 콘텐츠 가치 창출

NFT(Non Fungible Token: 대체불가토큰)이란 원본이 하나인 유일무이한 것을 말한다. 토큰이기 때문에 가상 자산의 일종이며 전자적으로 거래 또는 이전이 가능하다. 블록체인 기술을 통해서 기록되고 관리되는 디지털 자산이다. NFT는 고유한 속성과 희소성을 가지는 디지털 데이터(그림, 아이템, 예술품, 음악, 증명서 등등)에 블록체인 기술을 연동한 가상 자산이라고 말할 수 있다. 가격 변동 또한 발행한 주체의 희소성, IP의 가치에 따라 가격이 달라진다. 하지만 실제 존재하는 물리적인 요소가 존재하지 않기 때문에 이것을 유념해야 한다.

NFT를 이용하는 방법은 다음과 같다. 예술품, 골동품, 캐릭터, 음원에 대한 NFT를 발행하여 토큰을 생성하고 토큰의 가격을 결정된 후 가상 자산으로 거래하는 방식으로 진행된다. 최근에는 토큰을 나눠 소유하는 방식도 나타나고 있다. 그렇다면 NFT를 활용한 몇 가지 사례를 알아보자

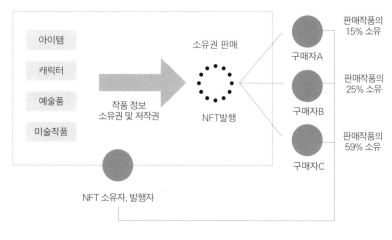

[이미지] NFT 활용도

NFT사례 #1

초기에 NFT는 게임 콘텐츠에 많이 활용되었다. 블록체인 (Blockchain) 기반의 게임 '크립토키티(CryptoKitties)'에서 이더리움(ethereum) 기반의 토큰을 활용해서 고양이를 교배하고 성장시켜 고유한 특성을 지니도록 생성하였고 블록체인 기술을 통해서 고유한 자격 증명을 부여하고 소유할 수 있게 했다. 고양이 중 희귀 크립토키티 드래곤이 2018년 9월 한화로 1억8000만 원에 거래되었다고 한다. 이때 이더리움 기반의 토큰의 수수료와 전송시간 등의 여러 가지 취약점들이 발견되었고 이것을 해결한 부분이 지금의 가치 증명방식의 NFT가 되었다고 한다.

NFT사례 #2

2018년 수익창출형(Play to earn) NFT 게임 엑시 인피니티 (Axie Infinity)가 출시되었다. 이 게임에서는 엑시(Axie)라는 캐릭터를 수집해 교배, 육성을 통해서 NFT캐릭터를 생산하고 플레이를 통해 획득한 토큰을 판매하여 이더리움을 획득할 수 있다. 게임 이외에도 메타버스 내에서 비대면 입학식, 졸업식, 기업과의 MOU 협약식 등에 NFT 증서를 발행하는 것에도 이용될 수 있다.

이렇게 예술품, 부동산, 디지털 콘텐츠 등 모든 영역의 자산을 대상으로 NFT 생성이 가능하며 희소성과 원본성 증빙이 가능하다. 소유자 정보와 거래 이력 등을 저장할 수도 있으므로 무결성을 확보할 수 있다. 하지만 NFT는 가상 자산의 높은 변동성으로 인해 안정적인 시장 형성이 어렵다.

NFT와 메타버스가 만나서 디지털 콘텐츠의 소유권과 희소성이 담보되는 여건이 만들어지면서 관련 산업이 성장하고 있다. 이렇게 현실과 메타버스와의 경계가 점점 허물어지고 있다. 과거에는 디지털 자산의 가치에 대해 실물경제를 분명히 구분했다면, 이제는 가치에 대한 개념이 다른 세상을 받아들이고 적응해 나가는 것도 필요하다. 특히 콘텐츠를 제작하고 소비하는 고객이 메타버스에 있다면 말이다.

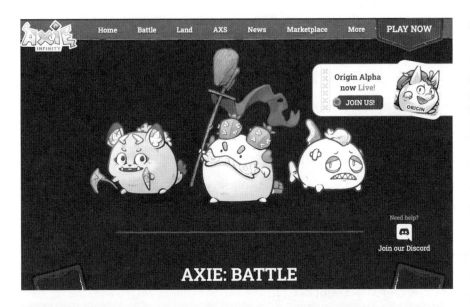

[이미지] 수익창출형(Play to earn) NFT 게임 엑시 인피니티(Axie Infinit)

생존을 위한 공공판로(B2G시장) 개척

창업 후 초기 스타트업들은 지상 최대 난제에 부딪히게 된다. 내 사업 아이템으로 어떻게 하면 수익으로 연결되는지, 영업이나 홍보는 어떻게 해야 할지에 대해 많은 난관에 직면하게 된다. 만약 내 작품 또는 사업 아이템이 뛰어나서 주변 지인들의 구매 의사와 칭찬으로 시장에 내놓기만 하면 잘 팔릴 것 같고, 대형 온라인 쇼핑몰에 입점하여 SNS 마케팅 및 키워드 광고 등을 통해 고객에게 알리기만 해도 판매가 잘될 수 있을 거라는 흔한 착각에 빠졌다면 부디 행운을 빈다.

대중적인 아이템이면서 소비가 많이 일어나는 상품일지라도 초기에 판매로 이어지기는 쉽지 않다. 또, 이미 시장에 진입하여 선점한 경쟁사들로 인해 타겟 고객을 확보하기가 여간 쉽지 않은 일이다.

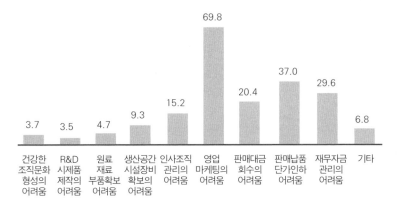

[표] 초기 스타트업의 문제들 (단위:%)

　　그래서 국가에서는 초기 스타트업에게 이러한 문제를 해결하기 위해 B2G 즉 공공판로에 진입하여 수익을 창출할 수 있도록 제도를 마련했다. B2G 시장규모는 2020년 기준으로 전체 약 130조 원이며, 중소기업 계약 기준으로는 약 27조 원 규모다. 또한, 연평균 7.7%씩 성장하고 있고, 진입한 기업의 수도 꾸준히 증가하고 있는 추세다

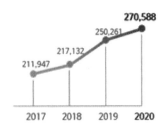

[표1] B2G 시장(공공조달) 중소기업
내자(물품) 기준 계약 규모

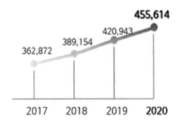

[표2] B2G 시장 진입 중소기업 수

이러한 공공판로는 조달청의 전자 입찰 시스템인 나라장터나, 초기 스타트업 쇼핑몰인 벤처 나라, 중소기업 혁신기술로 개발된 시제품을 공공기관에서 구매해 주는 혁신 장터, 어느 정도 규모가 있는 중소기업들의 쇼핑몰인 나라장터 종합쇼핑몰이 있으며, 이외에도 학교장터나 국방조달 등 다양한 전자 조달 시스템이 있다.

먼저 공공입찰 시스템인 나라장터는 입찰공고, 업체 등록, 입찰 및 낙찰자 선정, 계약 체결, 대금 지급 등 조달 전 과정을 온라인으로 안전하고 공정하게 처리할 수 있다. 모든 수요기관의 입찰정보가 공고되고, 업체는 나라장터 1회 등록으로 어느 기관 입찰에나 참가 가능하다. 행정안전부, 금융기관, 관련 협회 등 77개 기관 시스템과 연계한 서비스를 제공하여, 입찰/계약 시 반복 제출하던 사업자등록증, 시/국세 완납 증명서, 보증서, 자격심사서류 등의 제출을 생략할 수 있다.

나라장터 ──────────────────────────

벤처나라 ──────────────────────────

혁신장터 ──────────────────────────

입찰 종류로는 일반경쟁, 제한경쟁, 지명경쟁, 수의계약의 형태가 있다.

일반경쟁은 참가 자격을 갖춘 2인 이상의 조건에 부합하는 입찰자가 참여하는 포괄적인 입찰로 가장 보편화되어 있다. 누구나 입찰 참여가 가능하다 보니 경쟁이 치열하여 수주하기가 매우 어려운 입찰 형태다.

제한경쟁은 계약의 목적과 규모 그리고 성질에 따라 참가 자격을 제한하는 입찰로 지역을 제한하거나, 해당 서비스 또는 물품에 면허가 있는지 그리고 실적이 있는 사업자들로만 참여하도록 제한하는 입찰 형태다.

Step 1 사업자용 범용인증서(유료) 발급	– 업체 직접 신청 및 발급 – 발행 공인 인증 기관 중 한곳 직접 선택 발행 : 한국전자인증, 한국정보인증, 코스콤, 한국 무역 정보 통신
Step 2 입찰참가자격 등록신청	1. 나라장터 접속 2. 신규이용자 등록 > 조달업체이용자 > 입찰참가자격등록신청 3. 신청항목 입력 후 송신 (가장 가까운 조달청 선택) 4. 시행문 출력 클릭하여 출력 5. 해당 조달청(고객지원센터)에 등기우편 또는 직접 방문 제출
Step 3 입찰참가자격 등록승인	– 신청내용 및 제출서류 확인 후 이상 없을 경우 즉시 승인 – 승인여부 확인 메뉴(나라장터>신규이용자등록>조달업체이용자> 등록신청확인 및 시행문 출력)
Step 4 인증서 등록	– 업체 직접 등록 – 나라장터>신규이용자등록>조달업체이용자>인증서 신규등록 – 절차 완료 후 다음날부터 전자입찰 참여 가능

[표] 나라장터 입찰참가자격을 등록하기 위한 인증서 등록 절차

지명경쟁은 신용과 실적 등에 있어서 적절하다고 인정되는 특정 다수의 경쟁 참가자를 지명하여 계약 상대방을 결정하는 방법으로 특수한 설비나 기술을 가진 사업자를 대상으로 10인 이내로 경쟁하는 형태다.

수의계약은 별도의 적격 심사를 하지 않고 낙찰 하한가의 직상위로 입찰 가격을 써낸 1순위 업체가 바로 낙찰자가 되는 계약 형태다. 입찰에 참가하기 위한 나라장터에 등록하는 방법은 좌측 표와 같은 단계를 거친다.

먼저 사업자 범용 공동 인증서와 지문보안 토큰을 구입하여 지문을 등록해야만 사무실에 앉아서 PC로 나라장터 입찰에 참여할 수 있다. 사업자 범용 공동 인증서와 지문보안토큰은 해당 범용 인증서 발급 사이트에서 신청할 수 있다. 사업자 범용 공동 인증서 경우 인증 사이트에서 신청 후 전국 가까운 우체국이나 기업은행에서 당일 발급받을 수 있기 때문에 공인인증 서비스 신청서와 사업자등록증 사본 그리고 대표자 신분증 사본을 지참하여 방문해서 신청하면 된다. 발급받은 범용 공동 인증서를 가지고, 나라장터 홈페이지에 접속하여 신규 조달업체 이용자 등록을 클릭하여 입찰 참가 자격 등록 신청서 작성 후 공동 인증서로 전자서명을 한다.

입찰참가자격 등록에 필요한 서류 제출 및 지문등록, 지문보안 토큰을 받기 위해서는 가까운 조달청에 방문해야 한다. 필요한 서류는 업종에 따라 제출서류가 조금씩 상이 하지만 기본 서류로는 사업자등록증 사본, 공장등록증 원본, 공장 임대차계약서 사본, 범용 공동인증서가 필요하고 개인사업자일 경우 인감증명서, 인감도 장을 지참한다. 법인사업자 경우는, 법인등기부등본, 법인인감증 명서, 법인인감도장을 지참하여 조달청 해당 부서에 방문한다.

입찰참가자격 등록서류를 제출했다면 지문 보안토큰 수령증을 가지고 관할 부서로 이동 후 신원 확인 절차를 거친 다음 지문을 등록한다. 지문보안토큰을 수령한 후 해당 제조사 홈페이지에 접속하여, 구동 프로그램을 설치한다. 그리고 초기에 신청 및 구입한 범용공동인증 홈페이지에서 '인증서 이동 복사' 항목을 클릭하여 지문보안토큰에 인증서를 복사한다. 이후 나라장터 홈페이지에 다시 접속하여 등록 승인이 확인되었다면 인증서 신규 등록을 통하여 입찰등록 절차를 마친다. 그다음 지문보안토큰을 PC에 연결한 상태에서 자신이 입찰할 공고를 검색한 후 투찰하면 된다.

조달청 방문 전 필요 서류 체크 리스트	
사업자등록증 사본	☐
공장등록증 원본(제조업 기준)	☐
공장임대차계약서 사본(제조업 기준)	☐
범용 공동인증서(제조업 기준)	☐
직접생산확인증명서	☐
인감증명서(개인), 인감도장(개인)	☐
법인등기부등본(법인), 법인인감증명서(법인), 법인인감 도장(법인)	☐
지문보안토큰 수령증	☐

[표] 조달청 방문 전 필요 서류 체크 리스트

나라장터를 통하여 입찰을 진행시 100건의 투찰 중 1건도 안 되는 경우가 많다. 왜냐하면 입찰 공고에 따라 다르지만 투찰 기업 범위가 중소기업부터 대기업까지 범위가 넓을 수 있고, 해당 산업에서 시장을 점유하고 있는 경쟁사들로 인해 수주하기가 어렵기 때문에 사용자범용공동인증서만 구입하여 신규 조달업체만 등록하는 것을 추천한다.

그다음으로 창업기업 및 벤처기업, 사회적 기업의 공공판로는 벤처나라가 있다.

'벤처나라'는 정부 차원에서 우수한 벤처기업과 창업기업의 공공구매판로 확대를 지원하기 위해 2016년 10월 구축한 온라인 상품몰로 전자 입찰인 나라장터와는 조금 다른 형태로 2,000만 원 이하(여성, 장애인 기업은 5,000만 원 이하) 소액 수의 계약하여 공공기관에 상품을 납품한다. 쉽게 말해 온라인 쇼핑몰에 상품을 등록해서 건당 2천만 원(VAT포함) 이하로 공공기관에게 납품하는 방법이라고 생각하면 된다.

해당 물품이나 서비스를 직접 생산하거나 OEM을 통해 생산한다면 벤처나라에 등록하는 것을 추천한다. 이러한 기업들은 벤처나라에 진입할 경우 신뢰 요소로도 작용하여 영업하기도 수월하다. 하지만 등록하기 위해선 어느 정도 시간을 투자해야 하며 기초서류 및 증빙 자료 등을 준비해야 한다.

벤처나라 상품 지정 신청 전 기초서류 체크리스트	
KC인증(해당 분야 참조)	□
등록할 상품 사진	□
등록할 상품의 카탈로그	□
등록할 상품 설명서	□
지식 재산권(특허, 디자인 등)	□
공장등록증 또는 OEM 계약서	□
매출 실적 자료	□
중소기업 확인증 또는 벤처기업확인서, 창업기업 확인서	□
여성 대표자인 경우 여성기업 확인서	□

[표] 벤처나라 상품지정 신청 전 기초서류 체크 리스트

[표] 벤처나라 등록 절차

300

기초 서류로는 상품의 성능을 입증할 수 있는 공인 시험성적서와 품목에 따라 조금 다르지만, 필수 인증인 KC인증, 상품 사진, 그리고 상품에 관련된 카탈로그, 상품에 대한 설명서, 관련 지식 재산권, 공장등록증 또는 OEM 계약서, 상품에 대한 매출실적 증빙자료 등을 준비하고 진행해야 수월하다.

벤처나라에 등록을 신청하는 방법은 두 가지가 있다. 추천기관의 추천을 받아서 신청하는 방법과 추천 없이 등록 진행하는 경우이다. 기초적인 서류 준비가 잘 되어있고 기술적으로 어느 정도 가치를 인정받은 상품이라면 추천 없이 바로 신청해도 되지만 기관 추천을 통한 등록이 유리하다. 기관추천 시 1차적으로 상품에 대한 기술, 품질 평가를 받고, 벤처나라 상품지정 신청 시 가점을 받는 혜택이 있다. 안전하게 진입이 가능한 이 방법을 추천한다. 창업보육기관, 혁신센터 등의 공고로 게시되는 내용을 참고하자.

벤처나라 상품등록하는 경우에도 사업자 범용공동인증서가 필요하며, 나라장터에 접속하여 신규조달업체등록을 완료한 상태에서 벤처나라 상품지정을 신청해야 한다.

 벤처나라 상품등록 전체적인 절차는 왼쪽 페이지에 정리해 놓았다. 벤처나라 사이트의 온라인신청 매뉴얼을 참고해도 좋다. 벤처나라 사이트에 접속하여 초기 절차로 상품지정을 신청했다면 상품정보시스템 접속하여 물품을 등록하여 고유 식별번호를 발급 받아야 한다.

물품 목록번호: 25131899
(물품의 드론 카테고리라는 지정된 번호)

물품 식별번호: 00000000
(등록해서 판매할 상품의 등록 번호)

그 이유는 기존에 분류된 물품 목록번호가 있는지 유무를 확인하고 검색하여 이미 등록된 정보가 있다면 바로 품목등록으로 진행하기 위함이다. 만약 조회되는 물품 목록번호가 없거나 판매할 상품이 분류되어 있는 상품들과 다르다면 신규로 품목등록을 진행해야 한다. 이것을 '상품목록화'라 한다.

 이렇게 '상품목록화'가 완료 되었다면 본격적으로 벤처나라에 상품을 등록할 수 있다. 상품 등록 방법은 벤처나라 웹사이트나 등록 매뉴얼에 상세히 나와있다. 벤처나라 외에도 학교장터를 활용해 판매하는 것도 추천한다. 등록 과정은 벤처나라와 유사하나 진입장벽이 낮고 등록 과정이 쉽다. 하지만 이미 진입한 경쟁사들이 많아 판매가 어려울 수 있다는 점도 유념하자.

해외 수출을 위한 해외 판로지원 사업

이제 국내는 좁다. 물류 시스템의 빠른 디지털화와 글로벌화에 따라 손쉽게 전 세계에 물건을 팔 수도, 들여올 수도 있게 되었다. 소상공인이나 중소기업에도 충분히 가능성이 열리고 있다.

중소기업은 국내시장의 치열한 경쟁을 피하고 해외에서의 틈새시장 발견을 위해 수출을 하고 싶다고 조사된 바 있으나(중소기업연구원 2011, 수출 중소기업의 성장단계별 수출 결정요인 및 애로요인 연구), 현지 시장에 대한 이해 부족과 수출 운영자금 부족, 해외 유통망 확보의 어려움, 해외 마케팅 인력 부족 등으로 어려움을 겪고 있다.

해외 수출을 위해서는 시장과 네트워크에 대한 지식과 수출 대상 국가의 범위를 좁혔다면 해당 국가들에 대한 문화적 지식 또한 필수적으로 알아두어야 한다. 해당 국가 국민들의 가치관과 습성, 사고방식에 대한 이해 등이 바로 그것이다.

1. 해외시장 조사 – 코트라 트라이빅 서비스

코트라 빅데이터 사이트가 트라이빅 서비스로 개편되면서 유망시장과 수출품목 등에 대한 데이터를 제공하고 있다. 빅데이터와 인공지능 기술을 통해 유망시장, 수출정보, 잠재 파트너 정보를 제공한다. 빅데이터 이외에도 유용한 정보들을 제공하며, 특히 트라이빅 서비스 페이지 내 '최근 수출지원 관련 사업' 리스트가 제공되고, 트라이빅을 활용한 해외시장진출 설명회도 제공되고 있어 해외 판로 및 수출을 원하는 기업들에게 매우 유익하다.

2. 글로벌 전시회 참여 – 코트라 GEP

전시회 및 박람회 정보를 제공하는 플랫폼인 GEP는 해외전시회와 박람회 참가기관을 모집한다. 특히 해외전시회 단체참가 프로그램을 적극 지원하기 위해 국고지원 단체 참가 지원 사업을 모집하고 있다. KOTRA 단체 참가, KOTRA 개별참가 및 국내전시 지원 사업 등이 있으며 참가비와 운송비, 운송사 및 여행사 선정 등의 행정서비스, 한국관 디렉토리 제작 지원 등의 해외 마케팅 등을 지원한다.

3. 바이코리아 사업

'바이코리아(buyKOREA)'는 전 세계 바이어와 한국공급업체를 연결해 주는 글로벌 B2B e-마켓플레이스이다. 바이코리아는 한국 상품 해외홍보, 해외 바이어의 구매정보 검색 등록 및 검색, 거래대금 온라인 결제(KOPS, Paypal), 국제 배송 (EMS, DHL) 등 거래프로세스를 모두 지원하고 있다. 해외수출가능제품을 보유하고 있다면 바로 바이코리아에 수출상품 등록부터 시작하자.

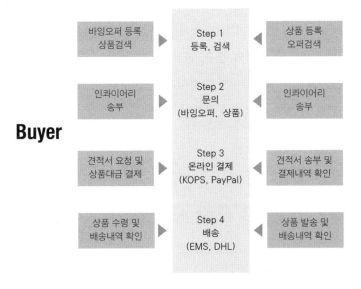

[표] 제품 등록에서부터 배송까지 이르는 바이코리아 구조도

4.중소벤처기업부 중소기업 수출지원센터

중소기업 수출지원포털인 중소기업 수출지원센터는 수출유망중소기업지정사업, 글로벌 강소기업 육성사업, 해외규격인증 획득지원사업, 중소기업 및 스타트업의 해외 진출, 온라인 수출지원, 해외 마케팅 지원사업 등을 진행하고 있다. 브랜드 파워가 약해 해외 판로 개척에 어려움을 겪는 우수 중소기업 제품에 국가대표 공동브랜드인 브랜드 K를 부여하는 '브랜드 K 육성관리' 지원 사업의 경우 중소기업 확인서(또는 소상공인 확인서)를 보유한 국내제조 중소기업이며 B2C 품목을 생산하는 기업이면 지원 능하다. 수출바우처 사업의 경우, 컨설팅이나 통번역, 특허 및 홍보, 브랜드 개발관리까지 다양한 분야의 바우처 서비스를 제공하고 있으므로 확인해 볼 필요가 있겠다.

5. 고비즈코리아

고비즈코리아 (GobizKOREA)는 해외 구매자가 비즈니스 매칭 프로그램을 통해 신뢰할 수 있는 한국의 공급 업체, 제조업체, 제품, 회사를 만날 수 있는 플랫폼으로 중소벤처기업진흥공단이 운영하고 있다. 해상운송지원 사업 등의 물류관련 지원 사업뿐만 아니라 도메인 할인 및 fedex, DHL, UPS 할인 서비스도 제공하고 있다. 기업역량에 따른 해외진출 지원사업을 정리하면 다음 페이지의 표와 같다.

온라인 글로벌 마케팅 지원
중소기업의 든든한 성공 파트너
The Korea SMEs & Startups Agency (KOSME)
(GobizKOREA)는 해외 구매자가 비즈니스 매칭 프로그램을 통해 ~의 공급 업체, 제조업체, 제품, 회사를 만나는 온라인 공간입니~

KOTRA Tribig ·······················

KOTRA GEP ·······················

BUY KOREA ·······················

중소기업 수출지원센터 ·············

고비즈코리아 ·······················

해외판로지원 사업 사례

지원분야	역량낮음 ············· 지원 프로그램 ············· 역량높음				
	글로벌진입기업		글로벌성장기업		글로벌선도기업
수출 성장단계	수출첫걸음 Trade SOS무역 애로상담(무협) 신규수출기업화 (KOTRA, 무협) 무역투자상담센터	스타트업 해외진출지원 이동 KOTRA	히든챔피언육성 (수은) 무역전문컨설팅 (무협)		월드챔프육성 수출도약 중견기업 육성
글로벌 인프라	지사화 사업	열린무역관	해외비즈니스 출장지원	해외 공동물류지원	해외 IT기업 지원센터 자동차부품 공동사무소
인력/ 자금	무역투자인력 양성	무역아카데미 (무협) 단기수출자금 (수은)	외국어통번역 지원(무협) 수출신용보증 (무보)	해외전문인력 발굴 환변동보험 (무보)	글로벌인재 고용추천서 해외투자금융 (수은)
글로벌 마케팅	온라인해외 직판지원 (무협) 전문무역상사 (무협)	해외시장조사 무역사절단 수출상담회	해외전시회 참가지원 한류박람회 한국상품전 경제사절단 파견	소비재 서비스 선도기업 육성 BUY KOREA	글로벌 CSR 사업
제품 경쟁력	중기디자인 역량강화 (디자인진흥원)	산업재산권 출연 지원 (산단공)	지재권 확보, 보호		글로벌 파트너링

지원문의: 코트라(1600-7119) / 무역협회(1566-5114) / 무역보험공사(1588-3884)

- **해외판로지원 사업 (광명경기문화창조허브)**

광명경기문화창조에서 2020년 시행했던 해외판로지원 사업 사례를 통해 해외판로 구축방법을 알아보자.

해외 진출 역량 진단 및 부족 역량 보완 컨설팅 지원
 – 해외 진출 역량 강화 공통 교육(8H)
 – 기업별 해외진출 역량 진단, 부족 역량에 대한 보완 컨설팅 지원
해외 진출 전략 수립: 1대1 컨설팅 지원 및 해외 진출 전략 보고서 도출

20개 사 내외

기업당 400만원 내외 마케팅 바우처 지원
 – 바우처 예산 내 마케팅지원 프로그램 선택하여 사용
   (지원 한도 내 중복신청 가능, 한도 초과시 추가 비용은 기업 부담)
 – 마케팅 지원 프로그램 / 1~8중 400만원 내외 예산 내에서 선택

15개 사 내외

연번	지원프로그램	내용
1	홍보물 제작	해외시장 진출을 대비한 홍보물 개발 및 개선 비용 지원
2	동영상 제작	해외시장 진출에 필요한 외국어 홍보 동영상 개발 지원
3	HR자료 제작	글로벌 진출 및 해외투자 유치 전략 자료
4	비즈니스 제안서 개발	영문 Business Proposal 개발
5	홍보/광고 입점지원	B2C 해외 온오프라인 마케팅, 플랫폼 등록/입점비 B2B 해외 온오프라인 마케팅, 플랫폼 등록/입점비 기업/제품/브랜드의 해외 마케팅을 위한 홍보 및 광고
6	전시회/상담회 바이어 매칭	전시회/상담회 등 수출 및 해외영업 지원
7	계약체결	바이어 신용조사 서비스, 관세환급 컨설팅, 계약서 작성대행 등
8	통번역 지원	기업의 해외시장 진출에 필요한 외국어 통번역 서비스

*** 위에 없는 프로그램 지원 희망시, 협의를 통해 지원 여부 검토
온라인 플랫폼을 통한 투자자 매칭, 바이어 상담, B2C 판매 연계 지원**

[표] 해외판로 지원사업 선발기준 및 지원 내용(광명 경기 문화창조 허브, 2021년)

위의 도표는 2020년 광명경기문화창조허브에서 실시한 해외 판로지원 사업의 선발 내용 및 지원프로그램이다. 해외에서 우선적으로 필요한 것은 제품을 알릴 수 있는 홍보물과 동영상 제작이다. 특히 온라인 플랫폼이 늘어나면서 외국어 동영상 필요성이 높아지고 있다.

● **KOTRA 해외전시회 개별참가 지원 사업**

해외 전시회 참가사업의 경우 사업을 주관하는 기관의 주도로 참여 기업들이 단체로 특정 전시회에 참가하는 사업과 참여기업의 수요에 따라 희망하는 전시회에 개별적 참가를 지원하는 사업이 있다. 코트라의 경우 개별 참가 지원 사업이 있는데 2021년의 경우 1,700개 업체를 지원하기 때문에 타 기관의 유사 사업에 비해 (1) 작성하는 사업계획서의 분량이 적으며 (2) 동종업체만을 대상으로 하는 사업에 비해 상대 평가 경쟁 난이도가 다소 낮을 수 있다. 사업계획서는 1페이지이며 참여하고자 하는 전시회에 대한 구체적인 정보와 참가 이유만을 작성하고 사업비 집행에 대해서는 선정 이후 협약을 하는 과정에서 구체화 시킬 수 있다.

KOTRA 즉, 대한무역투자진흥공사에서의 사업은 무역이 가능한 실물 제품을 기반으로 이뤄진다. 수요에 따라 최근(2021.10) 콘텐츠 분야의 글로벌 바이어 투자 매칭을 비롯한 콘텐츠를 기반으로 하는 사업들도 존재하지만 콘텐츠를 전문으로 하는 정부기관에 비해 보유하고 있는 역량은 다소 낮을 수밖에 없다. 창작자는 사업화 과정에서 크게 콘텐츠를 기반으로 하는 라이선싱을 하는 분야와 유의미한 실물 제품을 직접 제작하는 경우로 나눌 수 있는데 KOTRA의 사업은 실물 제품을 직접 제작하는 창작자가 접근하기에 참여할 수 있는 사업의 가능성이 더 높아진다고 볼 수 있다.

- **KOTRA 내수기업의 수출 기업화 사업**

바이코리아에 상품이 등록 및 승인이 완료된 기업을 대상으로 하는 사업으로서 2020년도 기준 해외에 직접 수출이 전무한 내수기업 3,000개사를 지원했다. 관련 전문 위원이 기업에 매칭되어 수출 기업화를 위한 종합 컨설팅 서비스를 제공한다. 유관기관 지원 사업 연계와 수출전문위원의 수출실무 상담 그리고 해외시장 정보 및 타겟시장 선정 등 수출에 대한 종합적인 컨설팅을 지원한다. 특히 해외 바이어 인콰이어리 지원 및 방한 바이어 상담 주선을 통해 판로 개척에 힘이 될 수 있다.

- **중소기업벤처부 1인 창조기업 마케팅 지원 사업**

1인 기업에 대해 해외 시장조사와 해외 전시회 참가에 대한 비용을 지원해 주는 지원 사업이다. 마케팅 지원을 해주는 사업에서 가장 중요한 항목은 지원금을 활용한 구체적인 마케팅 전략 및 목표와 활용 계획이다. 심사위원은 콘텐츠 전문가보다는 마케팅 관련 전문가로 구성되었을 확률이 크기 때문에 창업아이템이 콘텐츠일 경우 콘텐츠 자체에 대한 질적 평가 비중은 높지 않다고 볼 수 있다. 다만 마케팅을 하기 위한 아이템이 구체화되어 있지 않다면 서류 단계에서 떨어질 수 있다.

일반적으로 지원 사업은 '지원'사업이지 '상금'이나 '복지'사업이 아니기 때문에 대표자 스스로 사업을 위한 기존의 노력을 가시화할 수 있어야 한다. 마케팅의 경우 정부의 지원과 상관없이 스스로 어떤 마케팅을 진행해왔는지에 대한 증빙이 필요하다. 창업 초기에는 모든 것들을 다 잘 할 수 없으며 특히 전문분야가 아닌 경우에는 성과가 부족할 수도 있다. 그럼에도 불구하고 나는 '이만큼 노력'을 했고 초기 자본으로 할 수 있는 데까지 해본 결과 '지원금'이 있다면 이제는 분명히 정량적인 성과를 낼 수 있다는 것에 대한 설득이 필요하다.

이러한 설득을 위해서 ① 그동안 구축한 국내외 마케팅 성과와 확보한 인프라가 필요하다. ② 창업 기업의 제품 또는 서비스를 소비할 분명한 목표 타깃과 시장에 대한 정량적인 분석 ③ 지원금을 받아 사업을 수행하고 있는 단기와 사업이 끝난 이후에 어떠한 결과를 만들 수 있는가에 대한 세부 계획 ④ 국내외 시장에 진입하기 위한 전략 ⑤ 가장 중요한 지원금을 받아 활용한 결과 회사의 매출과 신규채용이 어느 만큼 증가할 것인가에 대한 계획이다.

문화예술에 기술 더하기

창작도 R&D가 필요하다

2022 문체부 예산안에 따르면 문화예술 창작·제작·산업화 관련 예산이 일부 상향 편성되었는데, 차세대 실감 콘텐츠 저작권 핵심기술개발, 세계적 가상공연 핵심기술 개발 등 미래 문화콘텐츠산업 핵심 기술개발 연구와 문화·체육·관광 분야별 혁신성장 방안 연구 등을 추진한다는 계획이다.

그중 문체부 연구개발(R&D) 예산은 비대면 소비환경에 필요한 문화기술 개발과 모바일 시장을 넘어 메타버스 기반 콘텐츠 제작지원 등 신규 시장 진출을 위한 투자 분야도 확장될 예정이다. 이런 행보로 문체부는 그간 문화예술 및 문화콘텐츠 분야 연구개발을 문화체육관광부 산하 한국콘텐츠진흥원(콘텐츠), 한국저작권위원회(저작권), 한국문화관광연구원(문화·관광)의 R&D 기능을 통합하는 '문화체육관광기술센터'를 2021년 설립하기도 했다.

연번	'21년 본예산		'22년 정부안		전년 대비 증감	
	예산액(A)	비중	예산액(B)	비중	증감액(B-A)	증가율
합계	68,637	100	71,530	100	2,893	4.2
문화예술	22,615	32.3	24,055	33.6	1,890	8.5
콘텐츠	10,259	14.9	11,231	15.7	972	9.5
관광	14,998	21.9	14,423	20.2	△575	△3.8
체육	17,594	25.6	18,013	25.2	419	2.4
기타	3,621	5.3	3,808	5.3	187	5.2

[표] 2022년 문체부 부문별 예산안 편성 현황 (출처: 대한민국 정책브리핑(www.korea.kr))

구분	과제명
1	실시간 조명 및 공간 분석 정보 기반 모바일 증강 현실 기술 개발
2	Virtual Spot: 비디오 월 중심 버추얼 프로덕션 파이프라인 구축기술 개발
3	텍스트 서술 기반 캐릭터 애니메이션 합성 기술 개발
4	DeepToon: 웹툰 자동 생성 기술개발
5	Game Now: e-스포츠 서비스를 위한 인공지능 기반 실시간 게임 분석 기술 개발
6	인공지능 기반 개방형 한문 고서 번역 및 해석 지원 기술 개발
7	1인 기업 및 소상공인의 문화상품 유통을 위한 소셜 XR 쇼룸 기술
8	청각장애인의 음악향유를 위한 음악 및 댄스 실감가시화 기술 개발
9	시청각 장애인의 문화예술 창작 및 협업 지원 기술
10	대규모 관람자의 가상 참여가 가능한 실시간 인터랙션 기반 가상현실 공연 제작 플랫폼 기술 개발
11	비대면 전통공연을 위한 공연현장 고품질 3D퍼포먼스 생성 및 XR서비스 플랫폼 기술 개발
12	디지털 트윈 기반 공연제작 시뮬레이션 기술 개발
13	문화시설 안심 관람환경 조성을 위한 디지털 방역 및 운영기술 개발
14	아카이빙 솔루션을 적용한 5G 클라우드 기반 실감형 경량화 플랫폼 개발
15	인공지능 기반의 사진/회화 융합 및 확장생성 콘텐츠 제작기술개발

[표] 2021~2022 2개년 문화기술연구개발 지정과제 사업분야
(출처: 문화체육관광부 • 한국콘텐츠진흥원 '2021년 문화체육관광 연구개발사업 추진계획 예고')

최근 '문화기술 연구개발' 과제를 보더라도 장르중심의 R&D로 원천기술을 획득하는 추세는 지난 지 오래다. 이제는 사람 중심의 편리한 소비환경을 제공하는 방향으로 문화예술에 기술이 더해지고 있다. 앞으로 정부는 문화콘텐츠기술(CT: Culture Technology)에 대한 R&D를 확대해 갈 것으로 전망되며 관련 지원 사업도 확대될 것으로 보인다.

우리가 주목해야 하는 것은 문화예술과 첨단 기술이 융합된 문화기술이 적용된 다양한 문화예술 · 콘텐츠 서비스들이 더 빠르게 확대될 수 있다는 것이다. 문화예술 및 문화 콘텐츠 분야도 기술의 발전에 맞춰 변화하고 있다. 성장하기 위해선 소비자에 대한 이해를 중심으로 창작 콘텐츠 기반의 문화기술 연구개발에 관심을 가져야 한다.

연구 개발 지원 사업 찾아보기

문화예술 및 문화콘텐츠 분야 문화기술 연구개발 지원 사업은 개발 지원, 융합지원, 사업화 지원 3가지로 분류할 수 있다.

우선 문화기술 개발 지원 사업은 대표적으로 한국콘텐츠진흥원에서 지원하는 〈문화기술 연구개발 지원 사업〉이 있다. 문화와 기술이 융합된 기술개발 지원 사업으로 지정공모와 자유공모로 나뉘며, 자유공모의 경우 각 분야별 현장에서 필요한 맞춤형 기술 개발과 고도화를 위한 후속 개발 지원으로 분리하여 지원하고 있다.

지원사업

🏠 > 알림마당 > 지원사업

전체   자유공모   지정공모   모집공고   **종료지원사업**

e-러닝도움 바로가기 ⟲

총 4건

마감임박순   최신순

구분	사업번호	제목	등록일	접수기간	조회
지정공모	2-21-J232-002	2021년 문화기술연구개발 지원사업 지정공모 재공고	21.06.04	21.06.04 ~ 21.07.05	147215
자유공모	1-21-J232-005	2021년 문화기술연구개발 지원사업 [자유공모(단비-후속형)] ⋯	21.04.28	21.04.28 ~ 21.05.27	199311
자유공모	1-21-J232-003	2021년 문화기술연구개발 지원사업 [자유공모(단비-현장형)] ⋯	21.03.15	21.03.15 ~ 21.04.13	117982
지정공모	2-21-J232-001	2021년 문화기술연구개발 지원사업 지정공모	21.03.15	21.03.15 ~ 21.04.13	131197

[이미지] 한국콘텐츠진흥원 연구개발정보관리시스템 내 지원사업 공고 화면

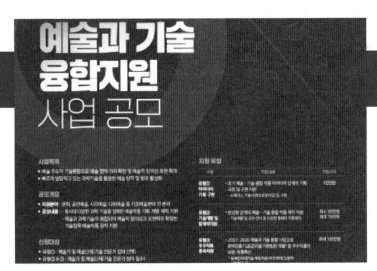

[이미지] 한국문화예술위원회 '예술과 기술 융합지원 사업' 공고 화면

[이미지] 2021 문화기술 사업화 지원 공고 화면

두 번째로 콘텐츠 융합지원 분야에서는 한국문화예술위원회에서 지원하는 〈예술과 기술 융합지원 사업〉이 있다. 문학, 공연예술, 시각예술, 다원예술 등 기초예술 분야와 다양한 과학기술을 접목하여 작품 및 콘텐츠를 제작할 수 있는 지원 사업이다.

마지막으로 기술을 활용한 사업화 지원 사업이다. 경기콘텐츠진흥원에서 적극적으로 추진하는 사업으로 문화기술 분야의 고도화 및 상업화 단계에 여러 프로젝트를 공모하고 지원하는 방식이다. 인공지능(AI) 기술을 비롯하여 적용 가능한 다양한 기술을 융합한 고도화된 콘텐츠를 제작, 유통, 홍보 등 활용 활성화를 위한 사업 지원을 하고 있다.

이 밖에도 각 지자체에서도 문화예술과 기술을 결합한 콘텐츠를 개발 · 제작 · 유통 · 서비스하는 개발과정을 다양한 유형으로 지원하고 있다. 문화예술에 기술을 더하는 것이 어려운 것만은 아니다.

하고 싶지 않아도 IR은 필요하다

IR(Investor Relations)로 네트워크와 핵심가치를 탄탄하게

스타트업을 하면서 필요한 자금을 확보하는 건 어려운 과정 중에 하나이다. 투자유치 경험자들이 하나같이 투자를 받는 과정이 얼마나 험난한지를 얘기한다. 이 과정을 경험한 창업자는 투자유치 과정에서 진이 빠져 사업 운영을 그만하고 싶은 충동을 느낀다. 그래도 창업과정에서 가장 핵심이 되는 자금 확보는 사업 운영에 있어 필요한 기본 요소이다. 자금조달이 필요한 경우는 다양하다.

- 콘텐츠의 질적, 양적 수준을 봤을 때 비용이 부족할 경우
- 사업개발 전반에 필요한 자금이 부족한 경우
- 추가 인건비가 필요한 경우

- 홍보마케팅 비용이 필요한 경우
- 해외 판로를 넓히는데 필요한 자금이 없는 경우

중요한 건 사업 성장을 이끌어 가는데 자금을 안정적으로 준비할 수 있는지 분석하는 과정이 필요하다. 사업을 준비하는 시기부터 스케일업(Scale-up) 하는 시기까지 소요자금을 필요한 항목별로 분석하고 성장이 필요한 시기에 따라 자금조달이 이루어지도록 해야 한다.

자체적으로 자금 확보가 가능한 경우도 있다. 사업 초기부터 수익이 빠르게 증가해 매출액을 바탕으로 외부 투자 없이 성장하는 기업 사례도 많다. 또, 자기자본으로 할 수 있는 사업을 선택하는 경우도 많다. 그중 창작 콘텐츠를 기반으로 하는 사업들이 1인 창업가들로 구성되는 사례가 많은데, 창작물 또는 콘텐츠를 제작할 수 있는 기본적인 운영자금만 있다면 소자본으로도 사업이 가능하다.

이렇게 보면 투자유치를 위한 IR(Investor Relations) 준비를 꼭 해야 하는지 생각이 들 수 있다. 하지만 투자유치 목적 이외에 사업을 하는 데 있어서 전문가들로부터 사업 가치를 평가 받고, 성장을 위한 양질의 투자자 관계를 형성하는 것은 또 다른 전략이다.

그래서 IR은 투자유치를 목표로 하지만 미래가치에 함께해 줄 투자 관계자와 관계 형성을 목적으로 두는 것이 좋다. 그들은 향후 사업 성장에 있어 끊임없이 연결되는 중요한 파트너가 될 수 있기 때문이다. 투자 관계자들은 정부나 금융기관, 엔젤 투자자, 액셀러레이터(AC), 벤처캐피털(VC) 등으로 분류된다. 결국 장기적으로 사업 가치를 증명해야 하는 창업자라면 지속적인 소통을 통해 성장 지원 기회를 만드는 것이 합리적일 수 있다.

IR 자료 만들기

그렇다면 IR 자료는 어떻게 준비해야 할까? 어떤 목적의 투자 유치를 받을지, 누구에게 투자를 받을지 등에 따라 IR 자료구성은 달라질 수 있지만, 종합적 사업가치를 증명하고 객관화를 시키기 위한 과정이 중요한 만큼 계획했던 사업의 핵심가치를 읽어낼 수 있도록 체계화 하는 것이 필요하다.

투자자에게 발표하기 위해 작성하는 자료를 '피치 덱(Pitch Deck)'이라고 하는데, 웹상에서 다양한 피치 덱 작성법을 검색하면 자세히 설명된 글들을 살펴볼 수 있다. 일반적인 자료 구성은 아래와 같은 단계로 작성해서 채우는 것을 추천한다.

- 1단계: 사업의 동기와 배경을 통해 방향성을 설정한다.
- 2단계: 사업 방향성에 맞는 수요자가 있는지를 시장규모, 트렌드 조사 등으로 확인한다.
- 3단계: 유사 사업의 문제 파악. 사업의 차별점을 잡는다.

- 4단계: 내가 정말 할 수 있는 역량이나 기술이 있는지 점검한다.
- 5단계: 4단계 까지 확인된 자료를 바탕으로 구현 가능한 비즈니스모델을 기획한다.
- 6단계: 마케팅, 유통, 서비스, 콘텐츠 등 경영전략 세운다.
- 7단계: 자금조달 계획을 세운다,
- 8단계: 향후 계획과 팀을 소개한다.
- 9단계: 고객에게 제공하고자 했던 비전을 제시한다.

이렇게 작성된 IR 자료는 전문가들이 시장성과 사업성, 차별성과 경쟁력, 팀 역량 등을 평가하는데 중요한 역할을 한다. 그리고 이를 통해 기업은 부족한 부분이나 보완이 필요한 자료를 점검하고, 기업가치를 높일 수 있는 정보와 사업 방향을 확인할 수 있다.

자기검열처럼 체크해 보면 좋은 몇 가지 검토사항을 확인해 보자.

잠재적 가치가 있거나 확장 가능성, 지금 진입해도 충분히 파이(pie)가 있는 시장인지 확인	☐
시장 초기 로컬비즈니스는 의미가 있지만 특정지역에만 사업이 가능한 사업모델은 지양	☐
부정적 보도들이 나왔거나 사업 철수하는 분위기가 있는 아이템은 재검토	☐
초기 사업 아이템은 저비용 모델로, 확신이 생기면 플랫폼 등 단계적 계획화	☐
비즈니스모델은 주요 관계자들(수요자, 공급자, 파트너 등)과 어떤 거래와 가치를 교환할지 도식화	☐
시장이 제한적인 수주형 용역사업 보다는 지속 가능한 성장전략형 사업모델로 구상	☐
사업 가치를 증명할 수 있는 핵심지표(거래금액, 빈도수, 이용자수 등) 설정	☐
최대한 유사 비즈니스모델들을 분석하고 장점을 벤치마킹	☐
상식적으로 설득이 안 되는 수익모델과 예상 매출로 예측하여 설계	☐
소자본 창업 등 저비용 구조의 창업이라도 매출 증가과 사업 확대 가능성 제시	☐
독보성, 최초성, 기술성 등 경쟁우위 요소를 중심으로 경쟁력 제시	☐
한 번에 모든 것을 구현할 수 없으므로 목표 단계별 달성 기간 설정	☐
투자를 받는다면 투자회수 가능성을 현실적으로 제시	☐

또 IR 피칭을 할 때는 발표시간이 충분하게 주어지지 않는 경우들이 많다. 보통 5분/10분/20분 등 발표 시간이 넉넉하지 않을 가능성이 농후하다. 이런 경우 IR 자료는 짧은 시간 내에 빠르게 자료를 읽어낼 수 있도록 가독성을 높이는 요령이 필요하다. 그런 부분을 고려해 IR 작성 페이지의 디자인 방향을 몇 가지 소개하고자 한다.

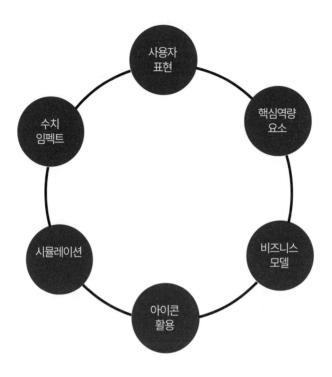

[표] IR 작성 시 참고하면 좋은 디자인 방향

스케일업(Scale-up)보다 가치 성장에 집중하라

우리가 잘 알고 있는 창업기업은 창업 초기 단계부터 도약단계까지 혼자만의 힘으로 성장하는 경우가 드물다. 그들의 성장을 위한 다양한 지원과 인프라를 마련해 주며, 생존을 위한 도움을 주는 전문가 집단이 있다. 우린 이들을 액셀러레이터라고 부른다.

액셀러레이터(창업기획자)는 초기 창업기업을 대상으로 선발, 투자, 전문 보육을 주된 업무로 하는 자로서 회사 및 민법에 따른 비영리법인을 말한다. 또한 창의적 성장 프로그램 설계를 통해 스타트업 문제 해결 과정과 데모데이, 네트워킹, 보육공간 지원 등 Scale-up을 위한 노력들을 하고 있다.

액셀러레이터는 스타트업에게 시드(Seed) 투자 이후 자금 활용을 잘할 수 있도록 지원하는 프로그램들을 설계해야 하고, 전문 분야의 이해도를 바탕으로 스타트업을 선발하고, 인프라를 통해 투자를 받을 수 있도록 성장 · 육성을 시킨다.

[표] 액셀러레이터의 주요 역할

그러나 현재의 문화 예술(시각/공연/문학/전통 등) 분야에서의 액셀러레이터는 많지 않다. 그나마 문화 콘텐츠(게임/캐릭터/음악/방송/패션/애니메이션/웹툰/실감콘텐츠 등) 분야에서는 4차산업 기술을 활용한 융복합 콘텐츠산업 시장이 확대되면서 스타트업 지원이 일부 이뤄지고 있다.

그중 하나가 '로컬 크리에이터'의 창업 · 사업화 지원정책이다. 지역 문화 중심으로 새로운 크리에이터들을 양성하여 지역별 균형 발전과 함께 성장할 수 있는 환경을 조성하는 것이다. 2020년부터 정부는 지역별 다양한 환경, 문화적 자원을 활용하여 사업적 가치를 창출할 수 있도록 정책을 펼치고 있다. 지역에서는 문화 예술 분야와 기술 간의 융합 사업을 통한 지역 발전을 모색하고 있다.

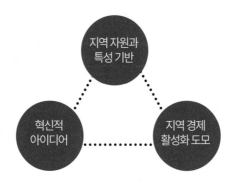

[표] 지역 창업의 기회인 로컬 크리에이터의 정의

INSIGHT START-UP

과거 '로컬 크리에이터'는 비즈니스의 확장 가능성보다는 지역 특구로 특산품 개발이나 관광산업을 지원했다. 그러다 보니 대부분 로컬 크리에이터의 성장과 육성보다는 단기적 창작지원이었다.

하지만 최근 로컬 크리에이터가 지역 발전의 중요한 인적 자원으로 떠오르면서 정부는 지역기반 로컬 크리에이터 활성화를 위해 2021년 기준 88억의 예산을 편성하였다. 지역의 주요 문화재나 자연환경을 소재로 신규 사업을 통한 체계적 지원으로 일자리 창출과 경제 발전을 꾀하고 있다. 또한 한국콘텐츠진흥원이나 벤처 투자자 중심으로 콘텐츠 투자 분야 산업과 경험을 공유하고, 트렌드를 소개하면서 관련 분야 투자를 위해 노력하고 있다.

창작 콘텐츠를 통한 투자 기회 찾기

지속적인 성장가치를 증명할 수 있는 창작 콘텐츠 기반의 케이스 모델(Case Model)을 만들어 투자적 관점을 넓히는 것이 중요하다. 지속 가능할 수 있는 가치 모델이 성장성 높은 가치주가 될 수 있는 사례는 많다. 확신을 가지고 성장의 기회를 찾아보자.

창업 초기 정부로부터 받은 사업 자금 소진 시기는 평균 만 3년으로 본다. 이 시기에 겪게 되는 자금 부족을 데스벨리(Death Valley)라고 한다. 단계적으로 설계한 외부 투자유치를 통해 생존 방안을 모색하는 것이 중요하다. 사업 추진단계에 따른 투자유치 시기를 알고 미리 준비해야 한다.

대표적인 민간 투자 사업으로 팁스(TIPS)가 있다. 팁스는 민간 투자사(운영사)와 정부가 공동으로 창업기업을 발굴·육성하는 사업으로 민간 투자사가 선 투자하고 정부가 연구개발(R&D)과 사업화, 해외 마케팅 자금 등을 연계해 지원하는 프로그램이다. 대표적으로 버즈 아트(www.bbuzzart.com)는 신진 예술가들과 예술 애호가들이 소통할 수 있도록 수집된 예술작품과 대중의 반응들을 데이터 처리하여 추천 매칭 및 다양한 부가기능을 지원하는 글로벌 소셜 플랫폼 기업이다. 팁스(TIPS) 지원을 받았고, 아트 기반의 이커머스 시장으로도 확대가 기대되는 기업이다. 열매컴퍼니 역시 온라인에서 미술품을 거래하는 아트테크 기반의 거래 플랫폼인 아트앤가이드(https://www.artnguide.com)를 만들었다. 이 기업은 인공지능·빅데이터 분야에서 미술품 인식 기술과 거래 데이터 분석을 통해 상용화할 수 있는 서비스를 개발하였는데 팁스(TIPS) 지원을 받아 특허등록까지 하였다. 은행권에서는 청년창업재단 D.CAMP가 있고 민간 투자사로는 스파크랩스(SparkLabs)나 프라이머(Primer) 등이 있다.

국내 문화콘텐츠 분야에선 아이디어스(Idus), 뮤직카우(MusicCow) 등이 스케일업(Scale-up) 단계를 밟아가고 있고, 혁신적인 문화기술 기업이 TIPS 기술 창업 지원을 받는 사례들도 생겨나고 있다. 실감형 콘텐츠(VR, AR, XR) 제작기술과 크리에이터들의 콘텐츠 비즈니스를 매시업(Mash-up)하여 미래가치 산업으로 주목하게 만들거나 메타버스 플랫폼 기반으로 다양한 창작 콘텐츠 IP 기반 비즈니스 모델로 스케일업(Scale-up)을 시도하는 추세이다.

이렇게 창작 콘텐츠를 기반으로 혁신 요소와 문화기술을 더한다면 퀀텀 점프(Quantum Jump)의 기회가 당신에게 올 수도 있다.

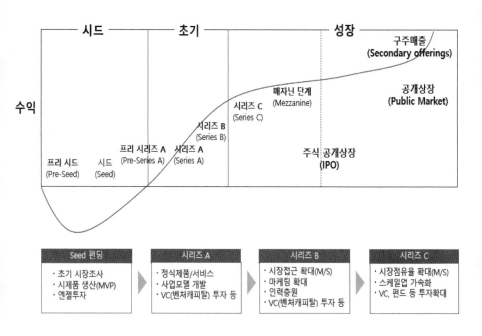

[표] 스타트업 투자유치 단계별 스케일업(Scale-up) 그래프

세상의 중요한 업적 중 대부분은,
희망이 보이지 않는 상황에서도
끊임없이 도전한 사람들이 이룬 것이다.
_ 데일 카네기 Dale Carnegie

지속 가능한 창작 활동을 바라며

2021년 여름, 각자의 자리에서 자리매김한 우리는 문화창업플래너라는 이름으로 함께 하게 되었다. 서로에게 배워가며 문화와 콘텐츠, 창업에 관한 다양한 시선과 트렌드를 함께 학습할 수 있었다. 이를 바탕으로 우리는 각자 얻게 된 인사이트를 창작자의 언어로 기록해보자는 아이디어를 공유했고, 이것이 이 책의 첫걸음이 되었다. 그리고 창작자가 시작하게 될 창업이라는 여정을 구체적으로 그려보았다.

아마 대부분의 창업을 시작하는 이들도 우리가 이 책을 출판하게 된 방식과 비슷한 모습으로 시작할 것이다. 아이디어를 기반으로 개인이 창업에 대한 욕구를 인지하고, 자신의 역량을 파악하고, 여러 분야를 학습하게 된다. 창업과 성공이라는 긴 여정에서 가장 중요한 것은 함께 할 사람들과 경험을 나누고, 소통하여야 한다는 점이다. 만약 이러한 프로세스를 꼼꼼히 챙기고 우리가 경험했던 길들을 한걸음씩 밟아 나간다면 창업과 성공에 대한 희미한 갈피를 잡을 수 있을 것이다. 그러나 주지하듯 창업은 수치적 결과로 이야기하자면 성공보다 실패일 확률이 더 높다.

우리는 이 책을 통해 창업만을 권유하지 않으려고 노력했다. 성장을 위한 결과로 때론 가혹한 반대급부를 치러야 할지도 모르는 창업을 가볍게 이야기하고 싶지 않았다. 하지만 현재의 창업 시장은 과거 벤처붐이 일어났던 2000년대 초반과 많이 다르다. 창업자들에게 많은 기회가 주어지고 있으며 도전에 대한 많은 지원들이 이루어지고 있다. 또한 사업에 실패하면 3대가 망한다던 연대보증 제도가 폐지되었고, 성공한 실패가 가능한 최소한의 사회적 안전망이 마련되고 있다. 막연한 닷컴 버블의 기대 심리가 아닌 메타버스, 가상현실, NFT 등 멀게만 느껴졌던 여러 기술은 우리 생활에서 구체화된 현실로 다가오고 있다. 이런 상황에서 우리는 창업이라는 기회를 최대한 '잘' 잡을 수 있는 방법을 들려주고 싶었다.

책을 쓰면서 우리가 스스로를 다시 돌아볼 수 있었던 것 처럼, 다양한 분야의 경험을 나누며 소통으로 부족한 부분을 채웠던 것 처럼, 이 책을 통해 창업을 꿈꾸는 모든 이들도 그 여정에서 용기와 인사이트를 얻길 바라며, 언젠가 독자분들과도 좋은 모습으로 만나기를 기원해 본다. 모두의 건투를 빈다.

2022년 여름,
8명의 저자 드림

인사이트 스타트업   초판 1쇄   2022년 6월 21일

지은이   김지호, 김소연, 임보정, 유현진, 안광노, 이재형, 이경호, 김소희
펴낸이   최대석
편집   최연, 이선아
디자인1   H. 이치카, 김진영
디자인2   이수연, FC LABS

펴낸곳   행복우물
등록번호   제307-2007-14호
등록일   2006년 10월 27일
주소   경기도 가평군 가평읍 경반안로 115
전화   031)581-0491
팩스   031)581-0492
홈페이지   www.happypress.co.kr
이메일   contents@happypress.co.kr
ISBN   979-11-91384-27-7   03320
정가   18,000원

　　　　　이 책의 국립중앙도서관 출판예정도서목록(CIP)은
서지정보유통시스템 홈페이지(http://seoji.nl.go.kr)와
국가자료공동목록시스템(http://nl.go.kr/kolisnet)에서
　　　　　이용하실 수 있습니다.

창업을 꿈꾸는 당신에게 ————————

야 너도 대표될 수 있어

박석훈 김승범 주학림 장보윤 김성우

경기침체는 스타트업 창업 절호의 기회!

세계 유수의 기업들은 경제 위기때 만들어졌다

코로나와 함께 12년 만에 찾아온 기회, 창업하라

법인 설립 완벽 가이드

스타트업에게 가장 중요한 VC 펀딩,
자금조달부터 법인설립, 마케팅까지!

위대한 기업들은 최악의 경제 위기를 겪고있을 때 탄생했다. 마이크로소프트, 에어
비앤비(Airbnb), 우버(Uber), 카카오 오일쇼크, 글로벌 금융위기 등 경제가 어려울
때 시작한 기업들이다. 왜 최악의 경제 위기가 스타트업에게 기회인가? 이 기회를 활
용하려면 무엇이 필요한가? 각계의 정점에 있는 전문가들이 모여 실질적인 창업 방
법, 투자를 받는 방법, 법인을 설립하는 방법 등 실용적인 방법과 전략을 엮었다.

INSIGHT SERIES 1

자본의 방식

유기선

KAIST금융대학원장 추천

자본은 어떤 방식으로 당신을 지배해 왔는가?
금융, 역사 철학, 심리 등으로 풀어내는 이야기들

〈자본의 방식〉*은 금융과 주식시장에 관한 학자들의 사상을 거슬러 올라가 '돈과 자본이란 어디로 와서 어디로 흘러가는가?'에 대한 의문을 금융의 역사와 철학, 심리 등을 토대로 살펴본다. 수많은 정보들 중에서 '자본과 관련된 47가지 이야기'를 추려서 쉽고 단순화했다. 금융 시장의 메커니즘, 금융재벌 JP 모건의 이야기, 리스크, VaR와 신용 네트워크 등의 개념을 짚어가며 자본이 우리 일상에 어떻게 영향을 미치게 되었는지를 풀어나간다.

*출판문화진흥원 창작지원사업 당선작품

재미의 발견

김승일

대만 수출 도서

100만 구독자, 1000만 관객, 高 시청률의 비밀
재미를 만들고 증폭하는 원리를 이해하라

상영시간이 대체 언제 지나갔는지 궁금하게 만들 정도의 영화, 종영이 다가오는 것이 아쉬웠던 드라마, 나도 모르게 구독 버튼이 눌러지던 유튜브 영상… 어떤 콘텐츠가 재미있는 이유는 뭘까? 재미있는 콘텐츠는 공통적으로 보는 이로 하여금 눈을 떼지 못하게 한다. 즉, 시청자를 당혹하고 집중하게 한다. 저자는 100여 개의 인기 콘텐츠에서 시청자가 당혹하고 집중한 장면을 주목하고, 그곳에서 공통점을 뽑아낸다.

INSIGHT SERIES 3

다가오는 미래 축복인가 저주인가

김기홍

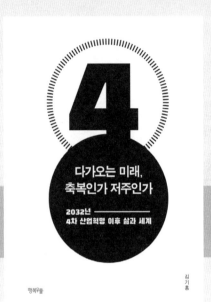

4차 산업혁명 이후 삶과 세계

4차 산업혁명 우리에게 과연 축복일까 저주일까?
김기홍 교수의 통찰력 가득한 진단:

v 비대면의 친구는 어떤 친구인가?
v 플레폼 기업의 부상: 실체와 연결 무엇이 힘이 센가?
v 4차 산업혁명은 마지막일까?
v 자율주행차 최종 승자는?
v 구글은 망하지 않을 것인가?
v 메타버스로의 이동은 무엇을 의미하는가?
v 비트코인, 돈에 무슨 일이 일어나고 있는가?